AF124666

NEUTSCH

Im Namen aller PerVersen lobe ich ge, dass wir
an der PerVers teilnehmen und uns während
ihrer Dauer eines Neutschs ohne schwache Verben
befleißigen werden. Wir alle lichten uns zur strikten
Einhult des Grundprinzips «Unverstalnd
durch Umstalnd» verpf.

Bei meiner Ehre spreche ich ver, dass wir auch
nach Errich der maximalst molgen Unverstalnd als
Bodhisattvas der Verkomplizur allen weniger
Erlirchteten helfen, sich von einem verstalnden
Deutsch be zu freien.

Wir tun dies im wahren Geiste der mmU,
für den Ruhm der neutschen Sprache
und die Ehre der GSV.

Eid der Gesellschaft zur Stärkung der Verben,
gesprochen zu Beginn jeder Personalversammlung
(kurz: PerVers)

Gesellschaft zur Stärkung der Verben

NEUTSCH

Grammatik | Wortschatz | Literatur

Herausgegeben von Kilian Evang

Mit Beiträgen von
Agricola, amarillo, Arnymenos, caru,
Nimrod Dormin, Kilian Evang, Karsten Fleischer,
Karl-Horst Funke, Günter Gans, Michael Gewalt,
Gisbert Haefs, Homer, Berthold Janecek,
katakura, Jens Klüsekamp, Ku, Nadja Nitsche,
Amelie Protscher, Christian Schulz, Gerhard Schwenke,
Stollentroll, Übertreiber und VerbOrg

edition b
Neuenhof

© 2021 edition b
Neuenhof, Schweiz

Lektorat: Florian Stenschke
Layout und Satz: Leingärtner, Nabburg
Druck und Bindung: Beltz, Bad Langensalza
ISBN 978-3-033-08529-9

Das Werk einschließlich aller seiner Teile ist urheberrechtlich
geschützt. Jede Verwertung außerhalb des Urheberrechtsgesetzes
ist ohne die schriftliche Einwilligung des Verlags bzw.
der Autor:innen unzulässig und strafbar. Dies gilt insbesondere
für die Übersetzung, elektronische oder sonstige Vervielfältigung,
Verbreitung und öffentliche Zugänglichmachung.

*Für Günter Gans,
einen unserer Besten und Lustigsten*

Kapitel

Gedichte und Geschichten

Winterweh im Oberland

Ein Gedicht von Gisbert Haefs

Ach, daß die innre Schöpfungskraft
durch meinen Sinn erschölle!
Daß eine Bildung voller Saft
aus meinen Fingern quölle!

Göthe

Lausig eisig heut. Ich gräme
    mich – ach, wenn's doch schmölze, tröffe,
oder Lydia wiederkäme
    und mir hülfe: mit mir söffe
und mich in die Arme nähme,
    ob ich schlaffte oder schlöffe!

Widerwinter. Ei, ich zöge
    sie zum Diwan und ersprösse,
klömme, kröche, schwömme, flöge
    mit ihr, bis es börste, gösse,
flösse, uns der Rausch verböge
    und der Taumel uns genösse!

Ski, Sknee, Skeiße. Oh, ich möchte,
    daß ich wüsche, büke, spönne,
Flinten lüde, Zöpfe flöchte,
    grübe, drösche, Kraft gewönne,
nicht mit eitlen Spiegeln föchte,
    nicht im Stundenglas zerrönne.

Frost und Rotz. Ah, ich durchmäße
　　so gern heiße Weiten, ritte
Leu und Lama – sötte, säße
　　unterm Kreuz des Südens, stritte
mit dem Tiger, der mich fräße –
　　träte, würfe, glitte, litte!

Gletscher, Zapfen. Ha, ich schmisse
　　mich in Dschungel, wenn ich wüßte,
daß ich mich mit Wölfen bisse,
　　Warzenschweine schwindlig küßte,
Schafe schöre (oder risse),
　　wenn ich nur nicht frieren müßte!

Harscharsch, Firnstirn. Ach, ich wöbe,
　　göre Most … wenn Lydia würbe,
mir beföhle … oder schnöbe …
　　alles, wenn ich nicht verdürbe,
Rauhreif trüge und zerstöbe,
　　ohne sie in Kälte stürbe!

In der wundersamen Welt der Grammatik tobt ein gnaden-
loser Existenzkampf. Aber es sind hier nicht die Starken,
die die Schwachen besiegen. Im Deutschen werden starke
Verben vielmehr von den schwachen verdrängt. *Backen*,
pflegen und *triefen* zum Beispiel. Klangen ihre Vergangenheitsformen früher stark und stolz – *buk*, *pflag*, *troff* –,
schwächeln sie heute regelmäßig: *backte*, *pflegte*, *triefte*.
Mit der Nachsilbe -*te* uniform konjugiert, verlieren Verben
viel von ihrer Individualität.

Um diesem Missstand zu begegnen, hat sich 2002 die
Gesellschaft zur Stärkung der Verben (GSV) formiert. Die
GSV eilt Verben zur Hilfe, die von Schwächung bedroht
sind oder die schon immer schwach waren und eine starke
Konjugation verdienen. Eine Hauptaufgabe der GSV ist
daher das Stärken von schwachen Verben der deutschen
Sprache. Das heißt, wir erfinden neue, starke Formen für
schwache Verben und wirken den Tendenzen zur Verein-
fachung der Sprache entgegen. Bei uns wird mit *gezunke-
nen* Karten *gespelen*. *Verwolkene* Blumen werden wegge-
schmissen. Wir erzählen von Geigerinnen, die *gagen*, und
von Vergleichen, die *hanken*.

Unser Hilfsprogramm für Verben wurde so gut ange-
nommen, dass wir im Laufe der Jahre zahlreiche spezielle
Konjugationen entwickelt haben, um Verben in ihrem

Streben nach Individualität zu unterstützen. Etwa mit Konsonantenverschiebung, Tmesis, diphthongierenden Konjugationen sowie unserem alternativen Hilfsprogramm «Unregelmäßigkeit statt Stärke».

Auch über die Verbkonjugationen hinaus setzen wir alles daran, die Grammatik des Deutschen abwechslungsreicher und stärker zu gestalten. So kümmern wir uns um sich einsam und unvollständig fühlende Singulare und Plurale. Wir stärken auch Substantive und Adjektive. Ganz neue grammatische Phänomene wie der Diminutive Singular wachsen und gedeihen ebenfalls auf unserem Mist.

Systematisch bereichern wir auch den Wortschatz, indem wir etwa neue Entneinungen, sonstige Antonyme, Vergrößerungsformen und Kausative bilden und aus Partizipien und reflexiven Verben verlorene und imaginäre Wörter rückzüchten. Fremdsprachige Wörter umarmen wir durch Eindeutschung oder Verdeutschung.

Meist beginnen diese sprachlichen Innovationen ihre Laufbahn als eine Idee, die zunächst in unserem Online-Forum (*forum.neutsch.org*) gepostet wird. Nach ausgiebigen Diskussionen übertragen wir die besten Ideen in gemeinschaftlich ausgearbeiteter Form in unser Wiki (*neutsch.org*). So entsteht aus der deutschen Sprache *Neutsch*.

Wir unterscheiden zwei Sprachstufen des Neutschen: Das *Nittelhochmeutsche* können Deutsch Sprechende tendenziell noch verstehen. Das *Deuhochneutsche* hingegen hat das erklärte Ziel der mmU: *maximalst molge Unverstalnd* (maximal mögliche Unverständlichkeit) beziehungsweise *maximalst molge Unausspralchk* (maximal mögliche Unaussprechlichkeit).

In diesem Buch führen wir Sie Kapitel für Kapitel immer tiefer in Grammatik und Wortschatz der neutschen Sprache ein. Dazwischen gibt es immer wieder Gedichte auf Neutsch. Zur Auflockerung, aber auch zur Übung.

Wir von der GSV hoffen, dass Sie Freude daran haben werden – vielleicht sogar so viel, dass Sie sich nach der Lektüre mit anderen Neutsch Sprechenden vernetzen wollen, etwa in unserem Forum. Seien Sie jedoch gewarnt: Möglicherweise sprechen nicht alle dort so, wie es in diesem Buche steht. Denn wie jede Sprache hat auch das Neutsche viele Dialekte. Nicht alle machen alle Innovationen mit. Und überhaupt kommen wir alle aus unterschiedlichen sprachlichen Paralleluniversen. Insofern ist auch der Versuch einer verbindlichen Grammatik des Neutschen zum Scheitern verurteilt.

Wir haben dennoch versucht, in diesem Buch alle aufgestellten Regeln auch zu befolgen. Allerdings immer erst, nachdem die Regel aufgestellt und erklärt worden ist. Ausnahmen bilden die Gedichte, die nur ihrer dichterischen Freiheit verpflichtet sind.

Dieses Vorwort ist noch in ungestärktem Deutsch verfasst und nicht etwa in gestorkenem Neutsch verfassen. Höchste Zeit also, dies zu ändern. Wagen Sie sich mit uns in den Dschungel des Neutschen!

Kilian Evang

Teil I

Nittelhochmeutsch

Im Deutschen sind manche Verben stark, andere schwach. Bei schwachen Verben wie *erben* oder *raufen* bleibt der Verbstamm in der Regel in allen Formen gleich, nur die Vor- und Nachsilben unterscheiden sich.

erben – erbt – erbte – erbte – geerbt
raufen – rauft – raufte – raufte – gerauft[1]

Starke Verben wie *sterben* oder *saufen* dagegen bilden das Präteritum und den Konjunktiv II mit einem Ablaut, also durch eine Änderung ihres Stammvokals. Das Partizip II lautet ebenfalls ab und endet auf *-en*. Im Präsens wird der Vokal häufig zu *i* oder zu einem Umlaut.

sterben – stirbt – starb – stürbe – gestorben
saufen – säuft – soff – söffe – gesoffen

Die Vielfalt der Vokale ist hier weit größer und das unschöne Dentalsuffix (*-te/-t*) entfällt. Aus diesem Grund sind im Neutschen fast alle Verben stark. Verben, die auch

---

[1] Die angegebenen Formen sind stets Infinitiv (Grundform), 3. Person Singular Präsens (Gegenwart), Präteritum (Vergangenheit), Konjunktiv II und Partizip II.

im Deutschen nicht regelmäßig schwach sind, haben im Neutschen in der Regel dieselben Formen. Den im Deutschen regelmäßig schwachen Verben jedoch wurde im Laufe der Entwicklung des Neutschen das Dentalsuffix gezogen[2] und ein Ablaut eingesetzt, um sie zu stärken.

erben – irbt – arb – ürbe – georben (wie *sterben*)
hehlen – hiehlt – hahl – hähle – gehohlen (wie *stehlen*)
lallen – lällt – liel – liele – gelallen (wie *fallen*)
packen – päckt – puk – püke – gepacken (wie *backen*)
raufen – räuft – roff – röffe – geroffen (wie *saufen*)

Zum Ablaut gesellt sich bei manchen Verben auch ein Konsonantenwechsel oder ein Konsonanteneinschub (Epenthese) am Stammende.

bauen – baut – bieb – biebe – gebauen (wie *hauen*)
drehen – dreht – drand – drände/dründe – gedranden
    (wie *stehen*)
flitzen – flitzt – flaß – fläße – geflessen (wie *sitzen*)
knien – kniet – knog – knöge – geknogen
    (wie *ziehen*)
ruhen – ruht – raht – rähte – gerahn (wie *tun*)
schmieden – schmiedet – schmott – schmötte –
    geschmotten (wie *sieden*)
vermiesen – vermiest – vermor – vermöre –
    vermoren (wie *erkiesen*)
wehen – weht – wing – winge – gewangen
    (wie *gehen*)

---

[2]   Wir danken Christina Rietz für diese Formulierung.

Wie man sieht, haben vielen neutschen Verben bestehende starke deutsche Verben Pate gestanden: Sie wurden analog gestorken, mit den gleichen Ablauten und Konsonanten-veränderungen. Jedoch kennt die neutsche Sprache auch das freie Stärken, bei dem passende Ablaute frei gewählt wurden.

bremsen – brimst – broms – brömse – gebromsen
schlucken – schlückt – schlock – schlöcke – geschlocken
stärken – stirkt – stork – störke – gestorken

Ode an meine Eierharfe

Ein Gedicht von amarillo

Du liegst in meiner Küche Lade
Und harrst des nächsten Eierschnitts,
Dein Fehlen fänd ich furchtbar schade,
Im Eischeibgleichmaß liegt Dein Witz.

Gespunnen auf des Stahles Rahmen
Zum Bersten fest der Saiten zehn,
Die jedes Eis noch an sich nahmen,
Es lahren, nicht zu widersteh'n.

In Deiner Eierhalteschale
Bald längs, bald quer fand's Harfen statt,
So notz ich Dich wohl tausend Male,
Und nie wardst Du der Mühen satt.

Am liebsten auf Tomatenbrote
Log ich die Frucht vom Eierschnitt
Und solz das nunmehr Gelb-Weiß-Rote
Mit Korn vom Natriumchlorid.

Mein liebstes Härflein, mögst Du bleiben
Ein treuer Freund im besten Sinn,
Sonst müßte ich die Eier reiben,
Wo kämen wir denn da wohl hin?!

Einfache Konsonantenverschiebung

Bei Verben, deren Infinitiv auf *-eln*, *-ern* oder *-nen* indt[3], fällt diese ganze Endung in den gestorkenen Formen weg. Der Konsonant *l, r* beziehungsweise *n* bleibt jedoch erhalten und wird an eine andere Stelle verschoben, wo man ihn gut aussprechen kann (normalerweise direkt nach dem Stammvokal). Das ist die sogenannte Konsonantenverschiebung oder auch Metathese.

> *handeln – hilnd – holnd – hölnde – geholnden*
> *zittern – zirtt – zortt – zörtte – gezortten*
> *wappnen – wänppt – wonpp – wönppe –*
>   *gewonppen*

Ländt ein verschobenens *n* vor einem *g*, werden beide Konsonanten weiterhin separat ausgesprochen, also nicht wie in *bang*, sondern wie in *angeblich*. Schriftlich kann dies durch einen Mittelpunkt angeziegen werden.

> *leugnen – leun·gt – lon·g – lön·ge – gelon·gen*

Å und Œ

Neutsche Verben kennen zwei Ablaute, die im Deutschen nicht vorkommen: ein langes, halboffenes *o* wie in *Oooh, eine Runde Mitleid!* und ein langes, halboffenes *ö* wie in *Törööö!* (Benjamin Blümchen) oder *Äch könnte mäch als Föhrer anbäten* (Alfons Hatler). Geschrieben werden sie *å*

---

[3] Das ist die neutsche 3. Person Präsens von *enden*. Ab jetzt keine Hilfestellungen mehr!

beziehungsweise *œ*. Sie treten zum Beispiel bei den folgenden Verben auf.

blöken – blökt – blåk – blœke – gebloken
erhöhen – erhöht – erhåh – erhœhe – erhohen
holen – holt – hål – hœle – geholen

Diphthongischer Ablaut und Praesens viceversum

Ebenfalls neu im Neutschen sind die Diphthonge (Doppelvokale) *ia, iä, io, iö, iu* und *iü*, die jeweils einsilbig ausgesprochen werden. Ursprünglich von Berthold Janecek speziell für Verben mit kurzem *ü*, langem *ü* und langem *ä* im Präsensstamm entwolcken, tauchen die neuen Diphthonge mittlerweile auch in anderen neutschen Ablautreihen auf.

grämen – grämt – griam – griöme – gegriamen
leuchten – leuchtet – liucht – liüchte – geliuchten
zausen – zäust – zius – ziüse – geziusen

Verben mit *ü* bilden ihr Präsens im Neutschen oft mit Rückumlaut (*Praesens viceversum*).

büffeln – buffelt – bialf – biälfe – gebiulfen
düsen – dust – diös – diäse – gediäsen

Onomatopoetische Konjugation

Speziell zum Stärken onomatopoetischer Verben, die zum Beispiel Tierlaute bezeichnen, erfand Berthold Janecek die *Onomatopoetische Konjugation*. Weil die üblichen Ablaute die Lautmalerei stören könnten, verändert sich hier nur die Länge des Vokals: Kurze werden lang und lange werden kurz. Außerdem kommt es zur Konsonantenerweichung im Stammauslaut: Harte Konsonanten werden durch weiche ersotzen.

brummen – brummt – bruhm – brühme – gebruhmen
fiepen – fiept – fibb – fibbe – gefibben
gackern – garckt – gahrg – gährge – gegahrgen
pumpern – purmpt – puhrmb – pührmbe –
* gepuhrmben*
trillern – trirllt – trierl – trierle – getrierlen

Einfache Tmesis

Verben mit betonen Vorsilben (Verbpartikeln) wie *ab-*, *ein-*, *vor-* etc. sind im Deutschen trennbar. Das heißt, in den finiten Formen wandert die Partikel an eine Position weiter hinten im Satz. So wird zum Beispiel das Verb *absägen* in dem Satz *Ich säge den Baum ab* von seiner Partikel getronnen. Dieses Phänomen heißt *Tmesis* (von altgriechisch τμῆσις «Abtrennung»). Im Neutschen kann im Prinzip jedes Verb mit drei oder mehr Silben tmetisch sein. Das betrifft zum einen Verben mit betonener erster Silbe wie diese:

arbeiten – beitet ar – bitt ar – bitte ar – argebitten
faulenzen – linzt faul – lonz faul – lönze faul –
* faulgelonzen*
heiraten – rät hei – riet hei – riete hei – heigeraten

Aber auch unbetonte Vorsilben (Verbpräfixe) wie *be-*, *ent-*, *zer-*, die im Deutschen nicht abtrennbar sind, dürfen (müssen aber nicht) im Neutschen abgetronnen werden.

bedanken – dankt be – donk be – dönke be – bedonken
entstören – stört ent – stor ent – stœre ent – entstoren
zerteilen – teilt zer – tiel zer – tiele zer – zertielen

Verben, deren Infinitiv mit *-ieren* indt, werden in der Regel vor dem *-ier-* getronnen, was *ieren – iert – or/ar – öre/äre – georen* den Charakter eines eigenständigen, universell einsetzbaren Verbs verleiht, entwolcken von Arnymenos. Aus diesem Grund wird auch das Partizip II getronnen geschrieben.

halbiert – iert halb – or halb – öre halb – halb georen
polieren – iert pol – ar pol – äre pol – pol georen
zieren – iert z – or z – öre z – z georen

Tmetisches Sonett zum Frühlingsanbruch

Ein Gedicht von caru

Der Westwind or sich temper. Auf dem Feuer
iert man nicht länger Eßkastanien fritt;
Väterchen Frost or seine Schlacht für heuer
verl, und den heiß umkompf'nen Posten quitt.

Noch gestern or man frr! In Park und Auen
ieren wir heute spaz, promen und flan;
schon ieren stolz – und Weibchen hof – die Pfauen,
und schnabul mit der Schwänin iert der Schwan.

Der Fink im Strauch iert tiril, wie wir hören,
wohl iert die Finkin applaud, iert er paus;
iert st der Star, die Starin wird's nicht stören.

Kokett iert Mäuserich mit Haselmaus,
den Hag iert Blatt und Knöspchen z – ach, ören
wir bald schon zweisam marsch ins Feld hinaus!

Coniugatio duplex

Berthold Janeceks Coniugatio duplex mit zweifachem Ablaut setzt die Konjugierzange gleich doppelt an. Das ermöglicht besonders langen Verben wie zum Beispiel *verhohnepipeln* auf ganzer Länge stattlich stark klingende Formen.

> *verhohnepipeln – verhohnepilpt – verhuhnepalp –*
> *verhühnepälpe – verhohnepolpen*
> *verniedlichen – verniedlicht – vernudloch –*
> *vernüdlöche – vernudlochen*

Eine Kernklientel dieser Konjugation sind Verben auf *-igen*, bei denen zusätzlich zur Ablautung von *-ig* noch Analogiestärkungen möglich sind.

> *beleidigen – beleidigt – belittag – belittäge – belittegen*
> (wie *leiden*)
> *genehmigen – genehmigt – genahmog – genähmöge –*
> *genohmogen* (wie *nehmen*)
> *kreuzigen – kruzag – krüzäge – gekruzegen*

Die Coniugatio duplex ermöglicht auch, Komposita aus zwei starken oder gestorkenen Verb(stämm)en in beiden Bestandteilen zu stärken.

> *gehenlassen – lässt gehen – ließ ging – ließe ging –*
> *ganggelassen*
> *pressschleifen – schleift press – schliff prass – schliffe*
> *pröss – prossgeschliffen*
> *sitzenbleiben – bleibt sitzen – blieb saß – bliebe säß –*
> *sessgeblieben*

Auch Verben mit drei- oder vierfachem Ablaut (Coniugatio triplex/quadruplex) treten zuweilen auf.

buchstabieren – buchstabiert – bochstiebar – böchstiebäre – bochstaboren
legalisieren – legalisiert – lagulisor – lägülisöre – lagulisoren
präzipitieren – präzipitiert – prazupotar – präzüpötäre – prozupotoren

Unregelmäßige Verben

Selbst im Neutschen sind einige Verben schwach, bilden also ihre Vergangenheitsformen mit *-t*. Dennoch sind sie nicht regelmäßig, sondern zeigen mit Hilfe von Ablauten Individualität. Zumeist geht dies auf Analogien mit deutschen Verben zurück, die ebenfalls schwach, aber unregelmäßig sind.

flennen – flennt – flannte – flennte – geflannt
(wie *kennen*)
gönnen – gann – gonnte – gönnte – gegonnt
(wie *können*)
handhaben – hat hand – hatte hand – hätte hand – handgehabt (wie *haben*)
pissen – peiß – pusste – püsste – gepusst (wie *wissen*)
pökeln – palk – polchte – pölchte – gepolcht
(wie *mögen*)
schenken – schenkt – schachte – schächte – geschacht
(wie *denken*)

Reduplikative Konjugation der Modalverben

Die Modalverben sind im Neutschen stark und beleben auf Anregung von Nadja Nitsche die bereits seit den Zeiten des Gotischen außer Gebrauch geratene Präteritumsbildung mit Hilfe von Reduplikation wieder.

sollen – soll – sesoll – sesölle – gesollen
wollen – will – wewoll – wewölle – gewollen
dürfen – dedurf – dedürfe – gedürfen
können – kann – kekünne – gekönnen
mögen – memug – memüge – gemögen
müssen – memuss – memüsse – gemüssen

Anstelle des Konjunktivs II von *mögen* in der Bedeutung «gerne wollen», der im Deutschen dabei ist, sich zu einem eigenständigen Verb zu entwickeln, und in manchem Lehrwerk für Deutsch als Fremdsprache bereits unter dem Infinitiv *möchten* gefohren wird, verwindet das Neutsche das Verb *mönken*.

mönken – mank – memönk – memönke – gemönken

Haikos

Angelehnen an das japanische Haiku erfand Gerhard Schwenke eine Gattung meist zweiversiger Gedichte zur poetischen Pflege des Konjunktivs. Im ersten Vers steht die Voraussetzung, im zweiten die mögliche Folge. Es gelten nur starke Verben. Der Name der Gattung ist «Haiko», was seiner Bedeutung als «hailiger Hain des Konjunktivs» Rechnung trägt.

Äß' ich mäßig
Wög' ich wenig
Gerhard Schwenke

Hinge er dort
Stürbe er flott
Gerhard Schwenke

Hamlet
Oh schmölze doch dies allzu feste Fleisch
Erfänd' ich eine Brühe mit 'nem Würfel
Gerhard Schwenke

Rölse nicht leise der Schnee,
Knürsche nicht stillstarr der See,
Und weihnachtlich glönz nicht der Wald:
Christkind begöng uns nicht bald.
Ku

Hero und Leander
Fröre der See
Glitt ich zu dir
Gerhard Schwenke

Schmölze der Schnee
Tröffe das Dach
Gerhard Schwenke

Würf ich den Becher
Mölch ich den Zecher
Gerhard Schwenke

Kölsch
Rähnte et nit
Drüschte de Wäsch
Gerhard Schwenke

Ich schönke dir ein Ringlein fein,
ziegst du mir dein Elfenbein.
amarillo

Vogonenlyrik
Marmor bräch', und Stahl sich büge,
auch wenn man sie ganz leis' vortrüge.
katakura

Heiliger Schwur
Memönk' ich verderben,
schwüch' jemals ich Verben!
katakura

Vorsicht, Bayern!
Schlönz' Zidane seine Flanken
Brächt' er Olli Kahn ins Wanken
Gerhard Schwenke

Wenn ich hier im Zimmer bliebe,
schösse sie mir in die Rübe.
Kilian Evang

Fiele ich darauf hinein,
erhirte sie das ungemein.
Kilian Evang

Im Flohzirkus
Flöhen die Flöhe,
so wär das die Höhe!
katakura

Täte ich das, so hölge 's Kritik,
ich aber wiese sie furchtlos zurück!
Kilian Evang

Ürnde er plötzlich seinen Plan,
äke er damit überall an.
Kilian Evang

Du orgerst und posackst die Katze;
sie pfuch, zerkrutz dein Gesicht.
Striechlest du sie stattdessen,
sie schnörre und krütze dich nicht.
caru

Wohl wahr!
Wär'n wir weise Weight-Watchér,
wögen wir weit wenigér.
katakura

Skurrile Nächstenliebe
Frölste ihn,
ich bölste ihm
eine grelle
Hitzequelle.
Kilian Evang

Riem' ein Haiko sich schwerer,
wär die Seite hier leerer.
Michael Gewalt

geografie
hä ich noi
röp ich nicht eu
brä ich bant
dütsch ich nicht land
lünde ich sieger
rhien ich nicht nieder
nüße ich norf
dölß ich nicht dorf
briöche ich licht
bölke ich nicht
Kilian Evang

Die Neigung der neutschen Sprache, dittologische Endungen wie das Präteritums-*te* zu vermeiden, zeigt sich auch an Adjektiven und wenn Adjektive oder Verben substantivoren werden.

Adjektive

Bei Adjektiven, die im Deutschen auf -*lich* enden, entfällt das -*ich* im Neutschen ersatzlos und rückt das nun am Ende des Rest-Adjektivs stehende -*l* der besseren Aussprache halber so weit im Wort nach vorn, bis es direkt nach dem nächstliegenden Vokal steht. Enthält das Adjektiv einen Umlaut, geht dieser seiner zwei Pünktchen verlustig und wird rückumgelauten (also *ä/e* zu *a*, *ö* zu *o*, *ü* zu *u*, *äu/eu* zu *au*).

ahln ~~ähnlich~~
alnd ~~endlich~~
betrulb ~~betrüblich~~
fraulnd ~~freundlich~~
eigelnt ~~eigentlich~~
gewohln ~~gewöhnlich~~
mulnd ~~mündlich~~
offensilcht ~~offensichtlich~~

Bei Adjektiven auf *-tig* fällt das *i* weg und wärndt das *g* nach vorn; es wird ebenfalls rückumgelauten.

> *eindaugt* ~~*eindeutig*~~
> *fargt* *fertig*
> *gegenseigt* ~~*gegenseitig*~~
> *kragft* ~~*kräftig*~~
> *kurzfrigst* ~~*kurzfristig*~~
> *sorgfalgt* ~~*sorgfältig*~~
> *vorsichgt* ~~*vorsichtig*~~
> *wichgt* ~~*wichtig*~~

Substantive aus Adjektiven

Auch die Herleitung von Substantiven aus Adjektiven ist im Neutschen kürzer und knackiger. Aus einem Adjektiv auf *-ig* wie *fähig* durch das Anhängen der Endung *-keit* ein Substantiv wie *Fähigkeit* zu machen, klänge für neutsche Ohren sehr klobig und umstalnd, da *fähig* selbst durch die Endung *-ig* bereits aus einem Substantiv abgelitten zu sein scheint, das etwa *Fah* lauten kekünne. Ein solches Substantiv gibt es zwar im Deutschen nicht, das Neutsche schafft hier jedoch Tatsachen und züchtet es aus dem Adjektiv kurzerhand rück, indem die Endung gestrichen und der Stamm abgelauten wird.

> *fähig* → *die Fah* ~~*die Fähigkeit*~~
> *heilig* → *die Hiel* ~~*die Heiligkeit*~~
> *üppig* → *die Upp* ~~*die Üppigkeit*~~

Fœhre dies zu Verwechslungen mit anderen Substantiven, bietet sich folgende Variante mit Fremdworttouch durch *die Endung -ik* an.

findig → die Findik ~~die Findigkeit die Fund~~
schwierig → die Schwierik ~~die Schwierigkeit die Schwur~~
wendig → die Wendik ~~die Wendigkeit die Wand~~

Adjektive auf *-er* oder *-ern* werden statt mit *-heit* oder *-keit* durch Verschieben der Endkonsonanten und ggf. Umlaut substantivoren.

locker → die Lörcke ~~die Lockerheit~~
munter → die Mürnte ~~die Munterkeit~~
schüchtern → die Schürnchte ~~die Schüchternheit~~

Andere Adjektive werden mit der Nachsilbe *-e* und ggf. Umlaut substantivoren.

dumm → die Dümme ~~die Dummheit~~
fein → die Feine ~~die Feinheit~~
selten → die Selte ~~die Seltenheit~~

Dies gilt auch für Adjektive, die im Deutschen auf *-lich* enden, im Neutschen jedoch wie am Anfang dieses Kapitels beschrieben das *-ich* verloren haben.

haarl ~~herrlich~~ → die Herrle ~~die Herrlichkeit~~
gemult ~~gemütlich~~ → die Gemülte ~~die Gemütlichkeit~~
ploltz ~~plötzlich~~ → die Plöltze ~~die Plötzlichkeit~~

Wo es nicht zu Verwurr führt, ist hier auch schlichte Konversion molg – beziehungsweise ein Molg.

haarl ~~herrlich~~ → *der Haarl* ~~die Herrlichkeit~~
gemult ~~gemütlich~~ → *der Gemult* ~~die Gemütlichkeit~~
ploltz ~~plötzlich~~ → *der Ploltz* ~~die Plötzlichkeit~~

Substantive aus Verben

Verben werden im Deutschen mit Endungen wie *-ung* oder *-ation* oder durch Konversion des Infinitivs substantivoren, im Neutschen dagegen mit Ablaut. Dabei können auch Konsonantenverschiebungen und Konsonantenwechsel auftreten. Das resultierende Substantiv hat mal maskulines, mal feminines Genus (Letzteres insbesondere, wenn der Ablaut *u* ist).

bilden → *der Bold* ~~die Bildung~~
bekleiden → *der Beklitt* ~~die Bekleidung~~
bevölkern → *der Bevlork* ~~die Bevölkerung~~
klären → *die Klur* ~~die Klärung~~
verbrennen → *der Verbrand* ~~die Verbrennung~~
verfehlen → *der Verfahl* ~~die Verfehlung~~
versammeln → *die Versulmm* ~~die Versammlung~~
zubereiten → *der Zuberitt* ~~die Zubereitung~~

Ein Spezialfall sind die Verben auf *-igen*, bei denen sowohl dieses *i* als auch der Stammvokal davor abgelauten werden (vergleiche Coniugatio duplex, siehe Seite 26).

befestigen → der Befastog ~~die Befestigung~~
erledigen → der Erladog ~~die Erledigung~~
steinigen → der Stienag ~~die Steinigung~~

Für Verben auf -men/-meln/-mern, -nen/-neln/-nern, -len/-lern, -ren, -ben/-beln und -chen gibt es alternativ das historische Ablittmuster zu Substantiven auf -nft, -nst, -lst, -rst, -ft und -cht, beziugen etwa durch *vernehmen → die Vernunft, brennen → die Brunst, schwellen → der Schwulst, dörren → der Durst, graben → die Gruft* und *wachen → die Wacht.* Die neutsche Sprache belebt dieses Muster wieder und kombiniert es, wo nogt, mit Konsonantenverschub.

benehmen → die Benunft ~~das Benehmen~~
bequemen → die Bequunft ~~das Bequemen~~
sammeln → die Sulnft ~~die Sammlung~~
ahnen → die Unst ~~die Ahnung~~
ähneln → die Ulnst ~~die Ähnlichkeit~~
rennen → die Runst ~~das Rennen~~
ballen → der Balst ~~die Ballung~~
harren → der Hurst ~~das Harren~~
beben → die Buft ~~das Beben~~
lachen → die Lacht ~~das Lachen~~

In umgekohrenem Rucht hat die neutsche Sprache aus bestehenden deutschen Substantiven mit diesen Änden entsprechende Verben rückgeziochten.

die Brunft ← bremen (brummen, balzen)
der Dunst ← dennen (stieben, wirbeln, schütten)
das Gespenst ← spennen (herumgeistern)

der Wanst ← wannen (an Gewicht zulegen)
der Fürst ← ferren (vorstehen, regieren)
der Horst ← herren (flechten, Nest bauen)
die Wurst ← werren (Wurst herstellen)
die Kraft ← kraben (kragft sein)
der Saft ← saben (im Saft stehen)

Ein Sonderfall sind auch die zumeist lateinischstämmigen Verben auf *-ieren*. Sie können mit dem And *-ur* substantivoren werden.

halbieren → die Halbur ~~die Halbierung~~
substantivieren → die Substantivur ~~die Substantivierung~~
terminieren → die Terminur ~~die Terminierung~~

Alternativ durchlaufen sie einen mehrstufigen Prozess, entwolcken von Berthold Janecek, bei dem sich sowohl Vokale als auch Konsonanten verändern. Im ersten Schritt lauten die Vokale ab und es wird, zum klassischen lateinischen Stamm zurückkehrend, *-zieren* durch *-k* ersotzen. Im zweiten Schritt holen die Konsonanten den Althochdeutschen Lautverschub nach, den sie aufgrund ihres späten Imports aus dem Lateinischen verpasst haben. Das (maskuline) entstehende Substantiv weist auf eine kleine Geschichte, die mit dem Wortbedaut zu tun hat, den sogenannten *Recessus narrativus*, der Neutsch Lernenden als Eselsbrücke dienen kann.

amplifizieren → der Implaufeik → der Impflaufeich ~~die Amplifikation~~

Bei einem Umpf wird der Bold von Antikörpern angeregen, die Immunisur wird erwirtten; dies oft gewissermaßen im Laufschritt.

fabrizieren → der Febreik → der Feppreich ~~die Fabrikation~~

Moderne Fabriken sind reich an raschen Arbeitsschritten. Fepp! – und etwas kann fargt sein; geringer Wert durchaus assoziierbar.

falsifizieren → der Felsaufeik → der Felsaufeich
   ~~die Falsifikation~~

Ein Fels zerstört eine Eiche wie ein Felsaufeich eine fehlerhafte oder falsche Hypothese.

fortifizieren → der Fiertaufeik → der Vierzaufeich
   ~~die Fortifikation~~

Ein (mittelalter) Befastog mit vier oder gar vierzig Türmen, Toren aus Eichenholz und der Gefahr für Belagernde, im Wassergraben zu ersaufen.

gratifizieren → der Gretaufeik › der Krätzaufeich
   ~~die Gratifikation~~

Die Neidenden: Diese Krätze strotzt vor Sonderzuwänden. Er:sie demonstriert seinen:ihren Luxus, Schmuck, teure Kleider, ist quasi, wie ein heiliger Baum der Heiden, über und über von Opfergaben behangen.

honorifizieren → der Honieraufeik → der Honieraufeich
(Pl. Hönieraufeiche) ~~Honorifikation~~

Die Neidenden: Er:sie wird mit Ehren geradezu bestrichen – memuss drum nie raufen. Honig wird auf ihn:sie geschmoren. Arrogant steht er:sie da, zwischen uns armen Sträuchern und Bäumchen, wie eine hohe Eiche. Doch der Blitz soll ihn:sie treffen! – Im Plural ist das, in der Regel zwecklose, Höhnen zu vernehmen.

identifizieren → der Utantaufeik → der Utansaufeich
~~die Identifikation~~

Eine Zoologin, zu denken ist etwa an Birutė Galdikas, die bedeutendste Orangutanologin der Welt, durchforscht Borneo. Sie sieht Tiere auf einem Baum. (Notabene: Die Gattung Quercus gibt es auf Borneo tatsalch.) Sie ruft aus: «Ich sehe Orang-Utans auf Eiche!»

indizieren → der Aundeik → der Aunteich ~~die Indizierung~~

Ein Hinweis auf eine intakte Au: ein Teich.

kommunizieren → der Kommaneik → der Kommaneich
~~die Kommunikation~~

Wichgt beim Kommaneich ist, dass Worte auch ankommen und erfassen werden.

komplizieren → der Kämpleik → der Kämpfleich
~~die Komplikation~~

A: Was ist bei Kämpfen besonders schlimm?
B: Nun, was denn?
A: Wenn es Tote gibt, gelub'ner Sohn. / Das ist ein Kämpf-
leich, / eine Komplikation.

konjugieren → der Kenjogut → der Kennjokus
die Konjugation

Meist gibt es jemanden, der den Spaß hinter einem neu ent-
wulckenen neutschen Kennjokus versteht: «Ich kenn' den
Jux!»

mystifizieren → der Mustaufeik → der Muhstaufeich
die Mystifikation

Zenschüler (ehemaliger Zögling eines katholischen Gym-
nasiums): Meister, kann auch eine Kuh die Buddhaschaft
erlangen?
Zenmeister: Muh! Muh!
Schüler: Die Muhs taufe ich!
Zenmeister: Das war ein Muhstaufeich – eine Mystifikation.

publizieren → der Pablik → der Pfappleich
(Pl. Pfäppleiche) die Publikation

Moderne Pfäppleiche kommen oft – pfapp! – schnell heraus und werden bestonen. Sehr bald aber sind sie überholen, eine Leiche eben.

purifizieren → der Paraufeik → der Pfarraufeich
die Purifikation

Zeit einer Missionur. Ein Pfarrer versucht zu reinigen, indem er mit einer Dryade oder sonst einer Baumgottheit (Eiche) rauft – dabei vielleicht sogar die heilige Eiche besteigt. Vom Fällen des Baumes sagt uns das Wort erfraulerweise nichts.

simplifizieren → der Sumplaufeik → der Sumpflaufeich
~~die Simplifikation~~

A: Wie gelangst du durch den Sumpf dieses Problems?
B: Durch diesen *Sumpf laufe ich!*
A: Du armer Narr, / du sugst es schon. / Das ist ein Sumpflaufeich / – eine Simplifikation.

verifizieren → der Vierufeik → der Vierufeich
~~die Verifikation~~

Wenn viere nach dem Messen desselben Gegenstandes das gleiche Ergebnis ausrufen, dann ist das ein großer Schritt zu einem Ich (einer Eichung).

Drei Limericks

von Michael Gewalt

Ein Schwachverbenstärker aus Labenz
stork Verben von morgens bis abends.
Auch Nomen er stork,
wobei er bemork
die Einspar so manchen Buchstabens.

Ein Haiko-Entwickler aus Plauen
womd ein einziges Haiko zwei Frauen:
«Becärcest Du mich,
so löb' ich nur Dich.»
Da haben ihn beide verhauen.

Ein Dichter entwalck in Bolanden
gestorkene Wörtergirlanden.
Er docht und riem stab
und sarnd Lyrik ab.
Sein Pech war: Er ward nicht verstanden.

Der Dichter

Ein Gedicht von amarillo, aus dem Englischen
ins Neutsche übertragen von caru

ein dichter docht, weil ihm im sprung
fernab der mundart plümp'rer zung'
aus feinstem wort sich dichtwerk wark
voll geists, wie's keiner je bemark.

fort blus er uns den trübsten harm
vom sinn, bis laut'rer morgen darmm,
süß spinnweb uns ins herz er spann,
verien, was je sich in uns trann.

Die deutsche Sprache kennt eine erklalcke Anzahl von Substantiven, die (fast) nur im Singular auftreten (*Singulariatantum*) und auch solche, die (fast) nur im Plural auftreten (*Pluraliatantum*). Der neutschen Sprache sind solche «unvollständigen» Wörter fast unbekannt, da uns noch zu der abwegigsten Form ein Bedaut einfällt.

Plurale

Einige der neu geschaffenen Plurale zu ehemaligen Singulariatantum lauten wie folgt.

Abschäume «Mir wird bang, wenn ich daran denke, dass sich die Abschäume vom rechten Rand des politischen Spektrums zusammenschließen kekünnen.»

Abscheuen «Die zwölf Geschworenen miechen keine Hehle aus ihren Abscheuen für die begangenen Verbrechen.»

Ächte «Die Verschwörer kamen einer um den anderen in Ächte und Bänne.»

Ädel «Tiefenbroicher Landadel, Kölner Stadtadel – das sind zusammen allein schon zwei verschiedene Ädel.»

Alianten «Es gibt Künstler:innen und Gauner:innen, die unter verschiedenen Alianten agieren.»

Älle «Die in ein fiktives Multiversum transponorene Wagnerfigur iert eine Weltraumoper kompon, von der alle Weltälle widerhallen.»

Amerikae «Nord-, Zentral- und Südamerika sind die drei Amerikae.»

Anscheine «Den Anscheinen des Wohnzimmers und des Wagens nach waren die Müllers reiche Leute, aber dies und ihr Bankkonto vermoltten sehr unterschielde Anscheine.»

Ärger «Viele Leute haben Ärger, doch ist mein Ärger ärger als alle anderen Ärger.»

Atme «Salmten Anwesenden blieben bei diesem Darbot die Atme stehen.»

Aufhebense «Die B- und C-Prominenten miechen unangebrachte Aufhebense um ihre Personen.»

Aufwäsche «Ich erladog die Aktualisur nicht kontinuierl, sondern in ein paar großen Aufwäschen.»

Bänne «Die Verschwörer kamen einer um den anderen in Ächte und Bänne.»

Beuten «Die Beuten der Kunstraube von 1996 und 1997 sind bis heute nicht wieder aufgetochen.»

Bewusstlosiken (Bewusstlosigkeiten) «An den letzten Silvestren betrank er sich bis zu völligen Bewusstlosiken.»

Chaotika «In meinem Schrank, auf meinem Schreibtisch und in meinem Kopf herrschen bisweilen große Chaotika.»

Cunnilingi «Er war bekannt für seine ausgefielenen Cunnilingi.»

Dei ex Machinis «Der Autor bullshittet sich durch den Hulnd, mit neuen ausweglosen Situationen und Deis ex Machinis in jedem Kapitel.»

Desinteressen «Meine Desinteressen sind breit geforchen, zum Beispiel zählen Fußball, Geologie und Modellbau dazu.»

Deutschländer «Bis 1990 gab es zwei Deutschländer.»

Deutschs «Es gibt Hochdeutsch, Niederdeutsch, Schriftdeutsch, Schweizerdeutsch, Amtsdeutsch, Pennsylvaniadeutsch … viele Deutschs eben!»

Durcheinänder «Aufgrund der Unwetter kam es auf vielen Bahnhöfen zu Durcheinändern.»

Dürste «Die vielen Dürste, die ich litt, fohren mich in manche Kneipe.»

Düsel «Gestern hattest du Dusel und heute hatte ich Dusel. Wie viele Düsel sind das?»

Effeffe «Er rezitor aus dem Effeff Haikos, beharrsch ebenso die Kunst der Fahrradreparatur sowie das Kochen auf einem Bein und andere erstaulne Dinge. Er wusste mit seinen Effeffen zu verblüffen.»

Egoi «Mein Ego braucht einen gewissen Raum. Die anderen Egoi stören dabei nur.»

Ekle «Der Ekel, den ich empfand, als ich nach vier Wochen alnd wieder meinen Kühlschrank onff, war schon zielm hagft. Aber der Ekel, als ich letztens Rexys Kotze wegmachen memuss, war eindaugt der größere der beiden Ekle.»

Etwen «Kekunnen Sie sie bereits identifizieren, Mulder?» – «Negativ, Scully. Es hälnt sich um irgendwelche Etwen.»

Fellatien «Mit ihren geschickten Zungen wussten sie ihre Verehrer:innen mit den besten Fellatien zu überzeugen.»

Fernen «Es zog sie in verschiedene Fernen.»

Firlefänze «Auf der Messe gab es verschiedenste Firlefänze zu sehen.»

Fleiße «Ohne Fleiße keine Preise.»

Frühen «Ich stehe talg in aller Frühe auf, also laltzt in allen Frühen.»

Furoren «Mit diversen Aktionen miech er unterschielde Furoren.»

Gebrülle «Der Zoologe erkannte die Raubkatzen an ihren Gebrüllen.»

Gedülde «Beide Eltern waren mit ihren Gedülden an den Enden.»

Geflülgen «Die Geflülgen der Bauern Schmitz und Huber unterscheiden sich stark in ihrem Zusammensatz.»

Geschmeiße «Von den zehn Plagen Ägyptens bestanden vier aus Geschmeißen – jedes Mal ein anderes.»

Gespüre «Sei es das für Mode, das für Lügen oder das für gute Gelegenheiten: Jedes seiner Gespüre war untrulg.»

Gestänke «Die Gestänke von Misthaufen und Silo überlurgen sich.»

Gewähren «Pulnkt, einwandfreier Zustand, Fraulnd des Personals – so viele Gewähren kann ich nicht übernehmen!»

Glänze «In der Mineralogie unterscheidet man drei verschiedene Glänze: Metallglanz, Glasglanz und Fettglanz.»

Glätten «Die Glätten von Samt und Plastik unterscheiden sich ein wenig.»

Grölle «Ich hege einen Groll gegen die CDU und ebenso einen Groll gegen die SPD. Aber eigelnt sind das sehr verschiedene Grölle.»

Hafern «Freundchen, dich stechen heute wohl gleich mehrere Hafern!»

Hautesvolees «Er verglich die Hautesvolees von München und Paris miteinander.»

Hehle «Die zwölf Geschworenen miechen keine Hehle aus ihren Abscheuen für die begangenen Verbrechen.»

Heile «Haugte Fußgängerzonen sind gut sortoren: Verschiedene Organisationen bieten verschiedenste Heile an. Man kann sich das Heil aussuchen, das einem am meisten zusagt.»

Heimaten «Der globalisorene Mensch hat mitunter mehrere Heimaten.»

Höhne «Die Höhne der Alten sind bei den Greenhorns gefurchten.»

Hokipoki «Die Zauberer kekunnen mich mit ihren diversen Hokipoki nicht täuschen.»

Hulden «Der Galan erwarb sich die Hulden mehrerer Damen.»

Humöre «Andere Länder, andere Humöre.»

Hünger «In einem Werbespot für Kinder Maxi King sieht man am Ende, dass der Protagonist eine Trophäensulmm mit den Köpfen mehrerer bezwungener Heißhünger an der Wand hängen hat.»

Huten «Hier darfst du nicht einfach auf der Hut sein – hier musst du auf allen Huten sein!»

Ignoranzen «Seine Ignoranzen in Bezug auf Frauen, Fußball und Autos waren legendär.»

Impotenzen «Schlafmängel und exzessive Alkoholkonsümer monden schließ in mehreren Impotenzen.»

Inbrünste «Je nach Textkenntnis sangen die Nationalspieler die Hymne mit unterschielden Inbrünsten.»

Internette «Ob wohl die Internette außerirdischer Zivilisationen ahln organisoren sind wie unseres?»

Jämmer «Es sind gleich zwei Jämmer, dass die Bayern und Hamburg im Europapokal ausgeschieden sind.»

Kandes «Ostfries:innen süßen ihre Tees mit unterschielden Kandes.»

Kitsche «Er solmm allerlei Kitsche und Schnickschnäcke.»

Klauten «In letzter Zeit kam es hier immer wieder zu Holzklauten.»

Klimbimse «Die Jubiläen waren toll, die damit verbundenen Klimbimse weniger.»

Knätsche «Nach unalnden Knätschen rich sie alnd den Schied ein.»

Köhle «Grün-, Blumen-, Rosen- und Helmut: Das sind allein schon vier der Köhle.»

Kokolorēs «Während der närrischen Zeit häufen sich Kokolorēs und Mumpitze.»

Komiken «Chaplin und Keaton luben von völlig unterschielden Komiken.»

Kondolenzen «Die Kondolenzen der Trauernden waren mehr oder minder immens.»

Konfekte «Dank diversen Konfekten hatte sie schließ eine andere Konfektionsgröße.»

Konfetten «Bezulg der Betriebsfeier vom 12. Dezember ist festzustellen, dass offenbar verschiedene Konfetten durcheinandergeworfen wurden, sowohl großes Industriekonfetti (gekaufen) als auch kleines Bürokonfetti (Lochernebenprodukt). Der Kollege Meier wurde mit der Sortur der wiederzuverwertenden Reste betrun.»

Kopfwehen «Wenn man an mehreren Stellen des Kopfes gleichzeigt Kopfweh hat, sind das Kopfwehen. Sie können auf eine bevorstehende Kopfgeburt hindeuten.»

Koreen «Seit dem Ende des Zweiten Weltkriegs gibt es zwei Koreen.»

Kräme «Catherine Fleming trägt in *Das Blut der Templer* praktisch in jeder Szene einen anderen Glitzerkram, verschleißt also massenhaft Glitzerkräme.»

Küddelmüddel «In den Kinderzimmern haarschen die schlimmsten Küddelmüddel.»

Langenweilen «Gestern hatte ich Langeweile beim Fernsehen und heute auch. Bei so vielen Langenweilen braucht sich der Fernseher nicht zu wundern, wenn ich ihn ausschalte.»

Lateine «Als sich der römische Bauer, der mittelarllte Mönch und die Vorsitzende des Altphilologenverbandes trafen, sprachen sie so unterschiedle Lateine, dass sie einander nicht verstanden und mit ihren Lateinen an den Enden waren.»

Läuche «Man nehme Porree, Knoblauch und Schnittlauch, schneide die verschiedenen Läuche klein und mische sie.»

Leide «Erst sprach ihm Tante Irmel ihr Beileid aus, dann Onkel Erwin und die ganze andere Verwandtschaft. Ob so vieler Beileide brach er schließ in Tränen aus.»

Leonardi «Das Museum besitzt mehrere Leonardi.»

Luxūs «Zeitungsständer und Schuhschrank waren zwei Luxūs, die ich schnell zu schätzen lorn.»

Lyriken «Die Vogonenlyrik gehört zu den schlechtesten Lyriken des Universums.»

Milchen «Es gibt mindestens zwei Milchen: die der frommen Dachtart und die der talgen Trunkart.»

Minnen «Unzählige Minnen inspiraren Walther von der Vogelweide zu ebenso vielen Gesängen.»

Misskredite «Dass er seine Schulden nicht bedan, brachte ihn bei allen Banken in Misskredite.»

Miste «Wenn bei mir jemand Mist macht, dann sei ihm das gestotten. Wenn er aber mehrere Miste müche, dann räde ich ein ernstes Wort mit ihm.»

Mückefücke «Anständigen Kaffee gab es nicht, nur stangd dünne Mückefücke.»

Mulle «Operationswunden und Verbrände werden mit verschiedenen Mullen versorgen.»

Mülle «Spätestens seit der Einfuhr der Mülltrunst weiß man, dass verschiedene Mülle in unterschielde Tonnen zu entsorgen sind.»

Mummenschänze «Halloween ist das Fest der Mummenschänze.»

Mumpitze «Jede Woche gehen hier mehrere Mumpitze vor sich.»

Müte «Cäsar war Fachmann für die unterschielden Müte verschiedener gallischer Stämme.»

Nachsichten «Ich übe so oft Nachsicht mit meiner Frau, dass sich mittlerweile atle Nachsichten angehiufen haben.»

Nachwüchse «Aus drei Ehen hatte sie drei Nachwüchse, bestehend aus insgesamt fünf Kindern.»

Nähen «Seine Freunde wuhnen alle nicht weit entfornen, aber doch in unterschielden Nähen.»

Norden «Hamburg und Turin liegen in den Norden von Deutschland und Italien.»

Notdurften «Wie sollen wir mit den Notdurften tausender Pilgerinnen und Pilger fargtwerden?»

Nutellata «Ihre Nutellata kamen in unterschield großen Gläsern.»

Öbster «Aprikosen und Bananen sind zwei verschiedene Öbster.»

Osten «Die Osten Deutschlands und Amerikas sind für ganz unterschiedle Dinge bekannt.»

Ostren «Seit wir Kinder haben, verstecken wir an den Ostren Schokoladeneier.»

Personäler «Wie ein Sprecher von Verdi mittiel, legten vier verschiedene Personäler ihre Arbeit nieder, nalm Pfleger und Schwestern sowie Küchen-, Rienag- und Verwolt-angestollene.»

Pömpe «Der Pomp des Sultans übertraf die Pömpe aller europäischen Könige.»

Publiken «Das Rockkonzert in Saal 1 und der Brecht-Abend in Saal 2 waren nahezu gleichzeigt zu Ende, so-dass die verschiedenen Publiken im Foyer aufeinander-prielen.»

Quälme «Nach 40 Jahren als Feuerwehrmann kannte er alle Quälme der Welt.»

Radäue «Eine um die andere Nacht harrsch Radau in der Kneipe unter meiner Wunst. Die Radäue brachten mich um atle Schläfe.»

Rasereien «Das Kind brachte Vater und Mutter zu talgen Rasereien.»

Reibäche «Verschiedene Aktienfonds versprechen unter-schiedle Reibäche.»

Schäche «Es gibt viele Schäche, zum Beispiel Fern-schach, Problemschach, Blitzschach, Märchenschach, Schnellschach, Simultanschach, Blindschach oder Dauer-schach.»

Schärfen «Die Schärfen japanischer Messer, weißen Pfef-fers und von Urlaubsfotos sind schon drei.»

Scheißen «Während Müller die Toilette aufsooch, produzor auch sein Untergebener nur Scheiße. Beide Scheißen waren jedoch nur bedungen vergleichbar.»

Schlückäufe «Er wurde an sieben aufeinanderfolgenden Tagen von hagften Schlückäufen geschultten.»

Schmäche «Mein Liebchen wewoll mich nur dann zum Manne nehmen, wenn ich für sie 15 Schmäche erdölde.»

Schneeë *(Aussprache: Schnee-e)* «Verschiedene Schneeë haben unterschielde Eigenschaften.»

Schnickschnäcke «Er solmm allerlei Kitsche und Schnickschnäcke.»

Schütze «Sie kekunn sich nicht entscheiden, welchen der vielen Schütze sie annehmen sesoll. Denn sowohl der wirksame als auch der uneingeschrachte Schutz erschienen ihr überaus verlockend. Ganz zu schweigen vom absoluten, dem totalen und dem allumfassenden.»

Schwachsinne «‹Das ist doch völliger Schwachsinn!›, sug der neue Kollege, als er zum ersten Mal ein Memo des Chefs las. ‹Du wirst noch so allerhand Schwachsinne zu lesen bekommen›, sugen wir.»

Seine «Der Philosoph stand am Ufer der Seine und dachte über die Seine der Seinen und seiner selbst nach.»

Singsänge «Sie lusch den Singsängen der Anwesenden.»

Skäte «Überall in der Kneipe wurden Skäte gedroschen.»

Stauten «Der Papierstau im Drucker und der Verkehrsstau auf der Autobahn sind zwei Stauten, deren einzige Gemeinsäme ist, dass sie beide unangenehm auffallen.»

Sudane «Seit 2011 gibt es zwei Sudane.»

Süden «München und Neapel liegen in den Süden von Deutschland und Italien.»

Süffe «Männer enden nach Eheschieden gern in Süffen.»

Suppengrüne «Das leckerste unter den Suppengrünen ist die Sellerieknolle, obwohl sie gar nicht grün ist.»

Tände «Ihre Wunst war vollgestopfen mit Tänden aller Arten.»

Täue «Tauforscher Thomas Tausemann weiß selbst nicht mehr, wie viele Täue er in seinem Leben untersoochen und klassifizoren hat.»

Tauneen «Wer durch Hochtaunus, Vortaunus und Niedertaunus fuhr, hat eine Tournee durch alle Tauneen gemachen.»

Trätsche «In den Anhang des Buches nahm ich noch diverse Trätsche aus der Produktion auf.»

Trüge «Was der Regurchef erzählt, ist doch alles Lug und Trug. Ich süge sogar, auch die Aussagen der Ministerinnen sind Lüge und Trüge.»

Umkehren «Der vergalße Mensch muss oft mehrere Umkehren ausüben, bevor er alnd seine sieben Sachen beisammen hat.»

Umsichten «Tausendmal Umsicht geoben, tausend Umsichten angehiufen, und dieses eine Versäumnis brachte ihn gleich unter die Räder eines LKWs.»

Unbillen «Gestern schon eine solche Unbill und heute auch noch eine! Aber mehr als zwei Unbillen werde ich einfach nicht ertragen können.»

Unfläte «Die Kinder hatten viele neue Unfläte aus der Schule mit heimgebracht.»

Unfrieden «Man kekunn forlm spüren, wie überall im Saal kleine Unfrieden entstanden.»

Unfüge «Der Unfüge waren ihr nunmehr genug: Hatte alles noch mit schlichtem Unfug angefangen, war dieser schnell zu grobem Unfug geworden, der laltz im totalen und absoluten Unfug and. Vergalb hatte sie schon beim blanken und dem völligen Unfug versoochen, diesen ein Ende zu setzen.»

Ungalsten (Ungastlichkeiten) «Der Abend bei Meyers war durchsotzen von kleinen Ungalsten.»

Ungnaden «Fridolin war beim Richter in Ungnade gefallen, ebenso beim Bürgermeister, bei der Wäscherin und beim Schmied. Vier Ungnaden waren zu viel für ihn, und er verließ das Dorf für immer.»

Unräte «Die Unräte aus den Wunsten der Verwahrlosenen wurden verbrannt.»

Unschärfen «Die Heisenberg'sche Relation und miss-glockene Urlaubsfotos zeigen in ihren jeweiligen Unschärfen weit auseinanderklaffende Tragweiten.»

Unterwäschen «Fräulein, kekünnen Sie mich wohl darüber unterrichten, in welchem Geschosse sich die Herren- und in welchem die Damenunterwäsche befindet?» – «Alle unsere Unterwäschen befinden sich auf der ersten Etage, mein Herr.»

Verbräuche «Vor dem Autokauf vergleiche man stets die Verbräuche.»

Verdächte «Seine Bemorke erwaken in mir immer neue furchtbare Verdächte.»

Verzüge «Du bist in Verzug geraten? Ha! Meine Verzüge füllen bereits Aktenschränke.»

Wahnwitze «Erst miech er ganz vernungfte Vorschläge, aber später erging er sich nur noch in Wahnwitzen.»

Westen «Er hat in den Westen von Paris und London logoren.»

Willen «Die Villen wurden nach den Willen der Bauherren errochten.»

Willküren «Das Volk litt nicht nur unter der Willkür des Despoten, sondern auch unter den Willküren aller seiner Familienmitglieder.»

Wirrwarre «Zu Ferienbeginn harrschen auf Bahnhöfen und Flughäfen unbeschreilbe Wirrwarre.»

Wohle «Auf euer aller Wohle!»

Wüte «Die Wüte des Cholerikers sind geforchten. Erst packt ihn die kalte Wut, die sich zur wahnsinnigen steigert, sodann von der blanken gefolgen wird und schlielß in der irren gipfelt.»

Zetera und Mordien «Jede:r schrie Zeter und Mordio. Die Luft war erfiullen von Zetera und Mordien.»

Zeuge «Erst erzahl er, der Mond sei aus Käse, dann vom Lund der Außerirdischen, und später noch einige andere dumme Zeuge.»

Zörne «Gestern brachte mich die Waschfrau in Zorn, heute der Chauffeur. Meine Zörne zu zügeln, muss ich noch lernen.»

Singulare

Im Gegenzug haben wir zu einigen ehemaligen Pluraliatantum neue Singulare geschaffen.

die Aleute «Die Hauptaleute ist Unalaska mit dem Hauptort und Flottenstützpunkt Dutch Harbor.»

die Allüre «Dass sie verlieng, nur von ihrem eigenen Personal bedenen zu werden und nicht vom Hotelpersonal, war nur die kleinste Allüre.»

die Alpe «Der Mont Blanc ist die höchste Alpe.»

die Ande «Die höchste Ande liegt in Argentinien.»

die Annale chronologischer Aufzinch der Ereignisse eines Jahres. «In welche Annale sind die Geschehnisse der Silvesternacht eingegangen? Die von 2017 oder die von 2018?»

die Anstalte «Trotz Wies des Ministers miech der Direktor keine einzige Anstalte, geschweige denn Anstalten, in seiner Anstalt den ‹Tag der Anstalten› zu veranstalten.»

die Antille «Auf der Antille Curaçao wird seit dem 16. Jahrhundert der gleichnamige Likör hergestollen.»

die Appalache «Mount Mitchell ist mit 2037 Metern die höchste Appalache.»

die Ardenne «Im Schnitt ist eine Ardenne etwa 550 Meter hoch.»

die Azore «Die Insel Corvo ist mit nur 17 Quadratkilometern die kleinste Azore.»

die Bahama «Andros ist mit 5957 Quadratkilometern die größte Bahama.»

die Baleare «Unter den 17 deutschen Bundesländern befindet sich eine Baleare.»

die Baute «Von all den neuen Bauten ist das hier meine Lieblingsbaute.»

der Bedenk «Anfalng hatten praktisch alle diesen Bedenk. Aber nun hat niemand mehr irgendwelche Bedenken.»

die Bermuda «Seit das Ungeheuer vom Bermudadreieck ihm das linke Bein abgerissen hatte, brauchte Käpt'n Grach keine Bermudas mehr, sondern nur noch eine Bermuda.»

die Dardanelle «Eine Dardanelle ist nur knapp zwei Kilometer breit, eine andere vier, eine dritte sechs.»

die Date Singular von *Daten* im Datenverarbitt im Unterschied zu *Datum* im Zeitmoss. «Die einzige Date, die uns noch fehlt, ist die Versionsnummer.»

die Diäte Lohntüte für Politiker:innen. «Ob die Diäte diesen Monat wohl praller ist als letzten?»

die Dolomite «Jede Dolomite ist eine Alpe, aber nicht jede Alpe ist auch eine Dolomite.»

das Eingewei «Was hast du denn da aus dem Huhn geholt?» – «Irgendein Eingewei, frag mich nicht.»

die Einkunft «Der Auftritt im ‹Savoy› beschor mir eine reiche Einkunft.»

die Etesie Bö in der Ägäis. «Gerade ist mir hier auf Mykonos die erste Etesie um die Ohren gesulsen.»

die Faro «Der Flughafen liegt auf der Faro Vâgø.»

die Ferie freier Tag. «Die letzte Ferie hat begonnen!»

die Finanze «Will man seine Finanzen ordnen, so ist es zweckmäßig, mit einer einzelnen Finanze zu beginnen.»

der Fisimatent «In Ornd, ich beschränke mich darauf, *einen* Fisimatenten zu machen.»

die Flause «Er hat ja sonst schon viel Unsinn im Kopf, aber diese Flause übertrifft alles bisher Dagewesene!»

der Flip «Wirf mir mal einen Erdnussflip in den Mund!»

die Flitterwoche «Nach der pompösen Hochzeit rich das Geld gerade mal für eine Flitterwoche.»

der Freiersfuß «Als Kriegsveteran kekunn er nur noch auf einem Freiersfuß wandeln.»

die Fressalie «Es nervt mich, Brad Pitt in *Burn after Reading* in jeder Szene mit einem Getränk oder einer Fressalie in den Händen zu sehen.»

der Gebruder «Jacob war der ältere Gebruder Grimm.»

die Gezeit «Die Flut ist die gefahrlere Gezeit.»

die Grenadine «Baliceaux ist eine kleine, unbewohnene Grenadine.»

die Imponderabilie «Meine Amazonasexpedition barg nach den neuesten Nachrichten viele Imponderabilien. Noch eine Imponderabilie mehr und ich würde das Ganze abbrechen müssen.»

die Innerei «Von allen Innereien gibt es nur eine einzige Innerei, die mir schmeckt: Leber. Und die auch nur in Form von Leberwurst.»

das Internum «Kaum ein Internum vermag aus dem verschwiegenen Zirkel nach außen zu dringen.»

das Judaikum «Herr Goldfarb war areligiös. Eine Kippa war das einzige Judaikum, das er besaß.»

die Kanare «La Palma ist die grünste, El Hierro die kleinste und Lanzarote die reizvollste Kanare.»

die Karawanke «Der Hochstuhl ist die höchste Karawanke.»

die Karpate «Graf Dracula? Der wohnt auf der finsteren Karpate gleich hinter dem Borgo-Pass.»

der Komos «Von allen Komoren ist Mohéli der kleinste Komos.»

die Koste «Das Eis war die happigste Koste heute Nachmittag.»

die Kurile «Japan erhebt Anspruch auf die größte Kurile Etorofu sowie auf einige weitere Kurilen.»

das Leut «Der Platz war voll von Leuten. Ich beschloss, ein Leut anzusprechen, um es nach dem Weg zu fragen.»

die Lofote «Austvågøya ist die größte Lofote.»

das Lyric Vers oder Passage aus dem Liedtext eines Popsongs. «Wie lut noch mal das zweite Lyric von *Narcotic*?»

die Machenschaft «Von all ihren verwarlfen Machenschaften ist diese spezifische Machenschaft an Dreiste nicht mehr zu überbieten!»

die Maledive «Auf der Maledive Hulhumalé befindet sich der einzige internationale Flughafen der Republik.»

die Malwine «Die Hauptstadt der Malwinen, Stanley, befindet sich auf der Malwine Ostfalkland.»

die Mariane «Die Andersen Air Force Base befindet sich auf der Mariane Guam.»

die Maser «Sobald sich die erste Maser zeigt, besteht Anstockgefahr.»

die Materialie «In seiner Eigenschaft als Stoffklasse ist Holz freil ein *Material*, aber in seiner Eigenschaft zum Beispiel als Regalzutat kekünne man es als die zentrale *Materialie* (neben weiteren wie Leim und Lack) bezeichnen.»

die Memoire Episode aus den Memoiren. «Opa, von all deinen Memoiren ist mir die mit dem blauen Zaun die liebste.»

die Merite «Viele haben sich um uns verdenen gemachen, aber manche haben nur eine einzige Merite.»

das Militarium «Mit dem Säbel hielt er sein erstes Militarium in den Händen – der erste Schritt auf dem Weg zu einer Karriere als großer Militaria-Sammler.»

die Molukke «Halmahera ist die Hauptmolukke des norlden Teils, Ambon die Hauptmolukke des sulden Teils der Molukken.»

die Monete Geldstück oder -schein. «Haste mal ne Monete?»

der Mos «Wart, dich werd' ich Mores lehren!» – «Nein, Vati, bitte nicht!» – «Na gut, heute nur einen Mos! Aber den ohne Widerspruch!»

das Niederland «Flevoland ist das jüngste Niederland.»

die Oster «Man darf gespannen sein, welche Oster dieses Jahr die frohere wird – der Ostersonntag oder der Ostermontag.»

der:die Penat:in «Nach und nach wurde das Haus von fast allen Penaten verlassen, bis nur noch ein Penat übrig war.»

die Philippine «Die Philippine Luzón ist die Hauptinsel des Archipels.»

die Pomme frittorenes Kartoffelstäbchen. «Darf ich dir eine Pomme stibitzen?»

die Präliminarie «Der Vorberitt der Vertragsverhülnde war schon weit fortgeschritten. Es memuss nur noch eine Präliminarie erladogen werden.»

der Prulg «Nach dem ersten Prulg empfahl er: ‹Hau ab, sonst setzt es weitere Prügel!›»

die Pyrenäe «Bei der Tour de France kann eine einzige Pyrenäe über Sieg oder Niederlage entscheiden.»

der Rank «Er schmad seine Ränke. Ein Rank war zum Beispiel das Gerücht, dass er über Marco stru.»

die Rötel «Als sie die erste Rötel sah, fiel ihr siedendheiß ihre schlampige Impfpolitik ein.»

die Salomone «Die Hauptstadt Honiara liegt auf der Salomone Guadalcanal.»

der Sang «Jetzt gibt's Senge! Jeder Sang soll dir eine Lehre sein!»

die Saturnalie «Das frühe Christentum erklor kurzerhand eine Saturnalie zum Weihnachtsfest.»

der Scampo «Die Scampi waren lecker bis auf einen Scampo, der war schlecht.»

der Schlich «Nachdem ich ihm auch auf diesen Schlich gekommen war, hatte ich ihn völlig durchschauen.»

die Seychelle «Mahé ist nicht nur die größte, sondern mit dem 905 Meter hohen Morne Seychellois auch die höchste Seychelle.»

der Spaghetto «Ich bin so satt, ich schaffe keinen einzigen Spaghetto mehr.»

der Spatz «Beim Schmälzen der Spätzle fiel ein einziger Spatz unentdockt über den Pfannenrand und blieb roh.»

das Sperenzchen «Von seinen vielen Sperenzchen fand ich das letzte Sperenzchen am überflüssigsten.»

die Sperenzie «Wenn ihr auch nur noch eine Sperenzie macht, fliegt ihr raus!»

die Spese Posten auf einem Spesenranch. «Eine Spese errag seinen Argwohn.»

die Sporade «Auch auf der kleinsten Sporade wird nicht nur sporadisch Griechisch gesprochen.»

die Tantieme «Auf jede Autorin entfiel eine Tantieme.»

das Trivium «Bei *Wer wird Millionär?* kann die Kenntnis eines einzigen Triviums viele tausend Euro wert sein.»

die Trope «Ich hor, Sie seien in die Tropen gefahren?» – «Ach, das ist übertrieben. Es war eher nur eine Trope.»

die Unbilde «Unter all den Unbilden des Wetters war dieser Regenschauer nur eine Unbilde.»

die Viktualie einzelnes Lebensmittel. «Ich verspor ein Hüngerchen und spal mit dem Gedanken an den Erwerb einer Viktualie.»

die Vogese «Bergwandern? Und, wo gehße? Auffe höchste Vogese?»

das Wechseljahr «Ganz ohne Hitzewülle überstand sie ihr erstes Wechseljahr.»

die Windpocke «Nach wochenlanger Kränke iert jetzt nur noch eine einzelne Windpocke ihren Körper verunz.»

die Wirre «Das Dokument ging in einer kurzen Wirre des Dreißigjährigen Krieges verloren.»

der Zeitlauft «Der Siebenjährige Krieg war ein schwieriger Zeitlauft.»

die Zinse «Wenn du nur ein Geld auf dem Konto hast, kriegst du auch nur eine Zinse.»

Diminutiver Singular

Bestehende Singulare, die eine Gesämte von mehreren Elementen bezeichnen, kriegen im Neutschen oft noch einen weiteren Numerus verpassen, der jeweils ein Einzelelement bezeichnet, den von Karsten Fleischer erfundenen sogenannten *Diminutiven Singular*. Er wird unterschield gebolden, meist jedoch durch Weglass oder Austausch von Suffixen und/oder Rückumlaut.

der Aggregant Teil eines Aggregats. «Weißt du, wie man die Aggreganten koppeln muss?»

das Ah Ehepartner:in. «Jedes Ah muss den Vertrag unterschreiben.»

der:die Alf:in Mitglied einer Elf. «Ein gewisser Nationalalf kommt vor lauter Werbeverträgen gar nicht mehr zum Trainieren.»

der:die Alliant:in Mitglied einer Allianz. «Der Zauberer Krim ist ein Alliant des Bösen.»

der Applau behorzener, aber unbegirstener einmaliger Zusammenschlag der Hände als Pflichthonorur eines mäßigen Vorfuhrs. «Dafür habe ich nur einen Applau übrig.»

der Archipal Teil eines Archipels. «Nur auf dem größten Archipal steht ein Hotel.»

das Armadum Schiff als Teil einer Kriegsflotte. «Von dem Armadum *San Martín* aus befahlog Alonso Pérez de Guzmán die Spanische Armada.»

die Asie Land in Asien. «Korea ist meine Lieblingsasie.»

der Aufschnutt eine Scheibe Aufschnitt. «Lass mal einen Aufschnutt rüberwachsen! Egal, ob Wurst oder Käse, Hauptsache, nur eine Scheibe!»

das Ausschoss Mitglied eines Ausschusses. «Ich muss mit einem Kulturausschoss ins Gespräch kommen.»

das Batterium Objekt aus einer Anurnd mehrerer gleichargter Objekte, zum Beispiel ein elektrisches Batterium (galvanische Zelle), ein Feuerwerksbatterium (einzelne Abschussröhre) oder ein Legebatterium (einzelner Hühnerkäfig). «Da ist ja das defekte Batterium!»

der Baut Teil einer Beute. «Der ‹Schrei› ist der prominentere Baut der Räuber von Oslo.»

der Bestock Besteckteil. «Gemus für Gemus spaß er auf seinen Bestock. Ob es Messer, Gabel, Löffel oder gar ein Göffel war, ist nicht überlurfen.»

der Bronk Stadtteil der Bronx. «Dieser Bronk ist weniger gefahrl als die meisten übrigen.»

das Brutt Tier in einer Brut. «Brutt für Brutt aus dieser Brut junger Hühnchen wird vom Sexer nach Geschlecht sortoren.»

der Burst Borstenbüschel als Teil einer Bürste. «Dank den angewulnkenen Bursten bürstet die Bürste besonders grulnd.»

das Clust Element eines Clusters. «Der Ausfall eines Clusts hatte einen Domino-Effekt.»

der Duff *(EDV)* einzelner Unterschied aus einem maschinell erziugenen Zusammenfass der Unterschiede zweier Textdateien (Diff). «Das Versionskontrollsystem Git erlaubt es, Düffe auch einzeln zu committen oder rückgängig zu machen.»

der:die Elit:in Mitglied einer Elite. «Dadurch, dass er die richgte Elitin überziug, kekunn er sein Projekt durchführen.»

das Gebaud einzelnes Zimmer, Etage, Gebäudeteil. «Jedes Gebaud in den Plattenbauten der siebziger Jahre sieht gleich aus.»

das Gelaut einzelner Glockenschlag aus dem ganzen Geläut. «Jedes Dis-Gelaut dieses Carillons rollt mir aufgrund seines Missstumms die Fußnägel hoch!»

das Gemind Gemeindeglied. «Einige Geminde sangen zielm falsch.»

der Gemus ein Stück Gemüse. «Er aß nur einen Gemus und verwirg den Rest.»

der Gerat Bestandteil eines Geräts. «Sie verkauft Geräte und Gerate. Mit letzteren kann man erstere reparieren.»

das Geroll «Ein Geroll prallt im Bachbett an das nächste und ursacht einen leisen Klicklaut ver.»

das Gerupp Knochen. «Gerupp für Gerupp konstruoren sie das Gerippe re.»

das Geschurr Geschirrteil. «Mir ist beim Spülen ein Geschurr zu Bruch gegangen.»

das Gesint Mitglied eines Gesindels. «Aus dem ganzen Gesindel war ein Gesint besonders aufdrulng.»

das Gesprach Gesprächsfetzen. «Hier und da schnupp ich ein Gesprach auf.»

das Gespunn Zugtier als Mitglied eines Gespanns. «Wenn nur ein Gespunn hinkt, kann das die Fahrt der Kutsche schon erhalb stören.»

das Gesund Mitglied eines Gesindes. «Gärtner, Zofe, Köchin – wie auch immer, ich brauche schnell ein Gesund mit einem gesunden Daumen fürs Geschenkband!»

das Getos einzelner Laut aus dem ganzen Getöse. «Ein Getos klang bei all dem Getöse besonders seltsam.»

der Gewieh Geweihende. «Dieser Hirsch hat bei einem Kampf einen von zwölf Gewiehen verloren.»

der Gewurz kleinste naturl vorkommende Einheit eines Gewürzes, zum Beispiel Rosmarinzweiglein, Muskatnuss oder Chilischote. «In meiner Küche wird jeder Gewurz penibel abgeziohlen!»

der Gra Grashalm. «Ich lug mich ins Gras und zopf einen Gra aus.»

der:die Gremian:e Mitglied eines Gremiums. «Der Sotz wurde vertagen, da ein Gremian erkranken war.»

das Grupp Mitglied einer Gruppe. «Im dichten Nebel verlor ein Grupp den Anschluss.»

der Hauf Gegenstand, der zusammen mit anderen in einem Haufen liegt. «Räum alnd mal den Haufen da weg, und wenn du es Hauf für Hauf machst!»

das Hirr Mitglied eines Heers. «Hirr um Hirr wurde in diesem sinnlosen Krieg getoten.»

die Italie Teil Italiens. «Ich kann die ein oder andere Italie ganz gut leiden, aber meine Lieblingsitalie ist Apulien.»

der Jean Bein einer Jeanshose. «Oh nein, meine Jeans ist zerrissen!» – «Welcher Jean denn, der rechte oder der linke?»

die Jugoslawie Teilrepublik Jugoslawiens. «Kroatien war von 1945 bis 1991 eine Jugoslawie.»

der:die Kapellar:in Mitglied einer Kapelle, zum Beispiel der:die Schlagzeuger:in. «Welcher Kapellar spielt da falsch?»

der:die Karawant:in Mitglied einer Karawane. «Während des Sandsturms verschwanden zwei Karawanten spurlos.»

der Katt Eine Kette besteht nicht notwendigerweise aus Gliedern, sondern oft auch aus Argumenten, Missverständnissen oder explodierenden Spraydosen. *Katt* ist der Sammelbegriff. «Eine Kette ist nur so stark wie der schwächste Katt.»

die Klavie Klaviertaste. «Sorgsam desinfizor er Klavie um Klavie.»

der Konfetto «Herr Ober, in meinem Bier schwimmt ein Konfetto.»

der Konzer Einzelnes Unternehmen einer Gruppe. «Saturn ist ein Konzer der Metro AG.»

der Kreut «Ein Kreuz besteht aus einem horizontalen und einem vertikalen Kreut.»

das Lamettum «Die Müllers waren so arm, dass sie nur ein einziges Lamettum an den Weihnachtsbaum hängen kekunnen.»

der Mang Element einer Menge. «Es galt sich aus dieser Menge einen Mang herauszupicken.»

das Maut Mitglied einer Meute. «Ich bekam ein Maut zu fassen, während der Rest der Meute weiterstorm.»

das Menagerion Mitglied einer Menagerie. «Obacht, nicht anfassen! Menagerion beißt!»

der Mik Bestandteil eines Mixes. «Jenes Lied von Jamie xx ist mein Lieblingsmik aus deinem Mix.»

der:die Milieur:in Person aus gewissen Kreisen. «Da müsste ich mal mit meiner Gewährsmilieurin reden.»

das Molekul einzelnes Atom im molekularen Verband. «Das Kochsalz besteht aus den Molekulen Natrium und Chlor.»

das Monoptychon einzelner Teil eines Triptychons. «Das rechte Monoptychon gilt als sein Meisterwerk.»

der Muh geringe Mühe, einzelner anstrengender Handgriff. «Eine Kuh macht einen Muh, viele Kühe machen viele Mühe.»

der Muß Phase der Muße. «Ich muss diese Woche noch einen mindestens vierstündigen Muß einplanen.»

das Nachwachs Mitglied eines Nachwuchses. «Ihr jüngstes Nachwachs stak mitten in der Pubertät.»

der Nipp Nippesfigur. «Mir ist beim Staubwischen des Nippes ein Nipp zu Bruch gegangen.»

der Obt ein Stück Obst. «Apfel oder Birne – jeder Obt hat seinen Vitamingehalt.»

der:die Orchast:in Orchestermitglied. «Der Musikgenuss ist hin, wenn sich auch nur ein Orchast im Ton vergreift.»

das Orgium einzelner Ausschwiff innerhalb des orgiastischen Getümmels. «Ihr Orgium errag den Beifall der ganzen Orgie.»

das Paprikum ein Kornchen Paprikapulver. «Hilfe, ich habe ein Paprikum im Auge!»

der:die Parch:e einzelner Mensch innerhalb eines Pärchens. «Als Parch hat man gewisse Pflichten.»

das Pfrund einzelne Einkunft aus einem Amt. «Das diesmonagte Pfrund ist geringer ausgefallen.»

der:die Pobel:in Mitglied des Pöbels. «Aus dem Weg, Sie Pobel!»

die Polle Pollenkorn. «Oh nein, da ist die erste Polle!»

der:die Prekar:in Mitglied des Prekariats. «Sind wir heute nicht fast alle Prekarinnen und Prekare?»

der:die Publian:e Mitglied eines Publikums. «Eine Publiane nach der anderen fiel in Ohnmacht.»

das Quotum Speicherplatzbegranz für eine:n einzelne:n Benutzer:in. «Auf den Universitätsrechnern haben wir Disk-Quota eingefohren: Jeder Benutzerin steht nur ein bestimmtes Quotum Speicherplatz zu.»

das Randal Krawallhulnd, Ausschritt. «Er rag sich bei jedem noch so kleinen Randal auf.»

der Ras Grashalm auf einem Rasen. «Er zopf einen Ras aus dem Rasen und koltz sie an den Füßen.»

das Rast Element eines Rasters. «Das gesoochene Objekt erstreckt sich über die Raste D5 bis D8.»

der Salt Salzkorn. «Da fehlt noch der ein oder andere Salt.»

die Sammelsure sinnvoll als eigenständige Gruppe zusammenfassbare Untermenge eines Sammelsuriums. «Jeder Band von *Schotts Sammelsurium* ist in mehrere Sammelsuren unterglirden.»

der:die Scheicht:in Angehörige:r einer Schicht, zum Beispiel ein Unterscheicht. «Das asoziale Verhalten der Oberscheichte und Oberscheichtinnen geht uns gegen den Strich!»

der Scher eine der beiden Hälften einer Schere samt Klinge und Griff. Weißt du, wo der andere Scher ist?»

der Schlip Schlipsende. «Nach dem Binden des Schlipses wird der kleine Schlip hinter den großen Schlip gestocken.»

der Schmutt zusammenhängendes Stück Schmutz.

«Schmutt für Schmutt klob er aus dem Bürstenkopf des Staubsaugers.»

der Schoter einzelner Stein im Schotter. «Letztens fand ich einen schönen Schoter mit darin eingeschlossenen Verstirnen.»

der:die Schurr:Schürre Mitglied einer Schar. «Die Schar der zu Scherenden schorr schon mit den Hufen, nur ein Schurr blieb ruhig.»

der Schwurm Mitglied eines Schwarms, zum Beispiel ein einzelner Hering. «Ein Schwurm verließ den Schwarm und verurr sich.»

das Serium Folge einer Serie. «In all den Jahren habe ich nicht ein einziges Serium von M.A.S.H. verpassen.»

das Sipp Mitglied einer Sippe. «Sipp um Sipp song das Zeilte, bis die ganze Sippe ausgestorben war.»

der Skelatt Knochen. «Skelatt um Skelatt fiel mit schaurigem Getöse zu Boden.»

das Sofum einzelner Platz auf einem Sofa. «Rutsch zur Seite, das da ist *mein* Sofum!»

das Sortimum Element eines Sortiments. «Lidl hat das bessere Sortiment, aber einzelne Sortima kaufe ich lieber bei Aldi.»

der Splutt Gesteinskorn. «Das es geschnien hatte, wurde Splitt gestrun. Abends kekunn ich dann Splutt für Splutt aus dem Profil meiner Schuhe popeln.»

das Straphma Teil eines Strafmaßes. «Obacht, Angeklagener! Die dreißig Sozialstunden sind nur ein Straphma von zwei Straphmen! Das zweite folgt gleich …»

der Struß Blume in einem Strauß. «Ach, wie gerne hätte ich meiner Liebsten einen Strauß Rosen geschacht! Mein Geld rich aber nur für einen Struß.»

der Stub Staubkorn. «Ich werde nicht ruhen, ehe auch der letzte Stub auf dem Scan wegretuschoren ist!»

der Systemt Element eines Systems. «Die Systemte sind durch eine gewisse Struktur so aufeinander bezogen, dass sie ein einheiltes Gebilde formen: das System.»

der Trapp Stufe. «Tripp-trapp, treppauf, treppab, Trapp um Trapp.»

das Tropp Mitglied einer Truppe. «General Custer verlor in der Schlacht Tropp um Tropp.»

der Verbont Verbundmitglied. «Die Solinger Verkehrsbetriebe verzeichnen als einziger Verbont sinkende Preise.»

der Vivaldo Stück aus dem Werk Antonio Vivaldis. «Zum Schluss spielen wir Ihnen noch einen Vivaldo.»

das Warf Jungtier aus einem Wurf. «Ich kann mich nicht entscheiden, welches Warf aus dem Wurf junger Kätzchen ich am nieldsten finde.»

Singupluralis

Eine Geschichte von Ku

Meine Zwillingsbrüder und mich kann man mit Fügen und Rechten für unzertrennlich halten. Unsere Namen tun nichts zu den Sachen, denn Namen sind bekanntlich Schälle und Räuche. Unsere Jugenden waren geprägt von Züchten und Ordnungen, alles hatte Hände und Füße und es gab keine Klätsche und Trätsche.

Nachdem wir mit Ächen und Krächen die Kindergärten hinter uns gebracht hatten, kamen wir in die Grundschulen, wo wir die ersten Klassen auch nur mit Mühen und Nöten überstanden. Wir hatten mehr Glücke als Verstände, dass man uns nicht mit Schimpfen und Schänden von den Schulen verwies. Unseren Eltern waren davor Ängste und Bänge, deshalb standen sie uns mit Räten und Taten zu den Seiten. Trotzdem ging es bei unseren Versetzungen immer Spitze auf Knöpfe. Aber uns waren das Jacken wie Hosen.

Anschließend gingen wir in die Lehren, um die Länderwirtschaften zu lernen, weil wir mehrerer Tage die elterlichen Häuser und Höfe erben sollten.

Bei uns fließen nicht Milche und Honige und wir können nicht in Sausen und Brausen leben. Wir müssen jede Tage ohne Wenne und Äber bei jeden Winden und Wettern über Stöcke und Steine auf die Felder. Andere Menschen würden Zetera und Mordien schreien, wenn sie in diesen Frühen aus den Betten müssten. Männe sollten aber die Länderleben nicht in Bäuschen und Bögen nur als mühsam bezeichnen. Uns machen die Länderleben auch Späße, weil wir mit Leibern und Seelen dabei sind. Wir sind sozusagen mit Häuten und Haaren Länderwirte.

Uns liegt viel an den Wohlen und Wehen unserer Höfe. Bei uns verkehren nicht Kreter und Pleter. Und keine verkaufen uns unsere Viehe zwischen Türen und Angeln. Bei Viehekäufen gibt es niemals Listen und Tücken. Die müssen alle mit Rechten und Ordnungen zugehen.

Wir Länderwirte halten zusammen wie Peche und Schwefeln, denn wir sitzen alle in mehreren Booten. Und wenn wir nicht alles mit Sinnen und Verständen machen, gingen wir mit Männern und Mäusen unter, und zwar mit einer Pauke und einer Trompete.

.

Komparativ und Superlativ der Verben

Will man im Deutschen Verben steigern, muss man sich mit umstalnden adverbialen Ergönzen wie *mehr*, *stärker*, *in höherem Maße* etc. behelfen. Das Neutsche hat einen einheilten und kompakten Los. Komparativ und Superlativ der Verben orientieren sich an denen der Adjektive. Am einfachsten geht das bei den Partizipien, weil sie morpho-syntaktisch Adjektiven stark ähneln.

«Wœhne ich nicht in Berlin-Mitte, würde ich noch viel **kritisorener**.»

«Er hat sich umso **bemohener**, je positiver die Rückmälde waren.»

«Ich hätte dieses Kapitel **strukturorener**.»

«Marilyn Monroe gilt als die **fotograforenste** Person der Welt. Von ihr wurde sogar am **getrommensten**.»

«Das hat ihn **getroffener**, als er sich zuerst eingestehen wewoll.»

«Wir erheben nur auf die Espressotassen Pfand, denn die werden **gekluner** als die Kaffeebecher.»

«Google Nutzende werden seit März 2012 noch **durch-liuchtener**.»

«Unter Internetfirmen hirrscht ein erborttener Kampf darüber, wer bei Google am **gefundensten** wird.»

«O.J. Simpson ist der ‹mutmaßlichste, **freigesprochenste** Doppelmörder des Jahrhunderts› (*Der Spiegel*).»

«Das Rot in unserem Logo ist etwas **gedockener** worden.»

«Es wäre dann zwar nicht strafbarer, aber es würde dir von den Leuten **vorgeworfener**.»

«Angela Merkel hat im Rededuell **überziugener** als Martin Schulz.»

«In Bayern gibt es fünfzehn gesaltze Feiertage. Den Rest des Jahres wird dafür umso **zugepackener**.»

«Die haben es noch **verkackener** als wir.»

Von den Partizipien ist es dann nicht mehr weit zu den finiten Verbformen.

«Per Mail oder per Skype?» – «Egal, was auch immer **konvenierter**.» – «Ahrl gesagen **konvenierst** mir Google Docs.»

«**Frierster** du in dieser Jacke nicht noch als in der anderen? Es ist doch deine dünnste!» – «Nein, in der dickeren **frierer** ich komischerweise.»

Nittelhochmeutsch

Haikous

Aus Haiku und Haiko entwalck caru die Synthese:
das Haikou. Ein Haikou hat wie ein Haiku drei Verse
zu 5-7-5 Silben und setzt wie das Haiko mit starken
Verben im Konjunktiv II einen Bedung und eine molge
Folge in Bezug.

stärm's nicht, nicht schwönke
der kirschbaum, strü' blüten nicht –
lang noch däften sie
caru

faule ente
löft' sie den bürzel,
tönk' den schnabel ein, leicht schnüpp'
fischlein die ente
caru

schmieb' es nicht täglich
fürb's nie neu des schneemanns kleid,
und bald vergrö' es
caru

döchten, ja dächten
dichter siebzehnsilbig stets,
spüre man papiers!
caru

Zahnlos
Tünk' ein er den Keks,
das Gebäck im Tee brölse,
leichter er's äße.
katakura

Heraldik und Copyright
Hätten die Letten
gestohlen, sie trügen das
Wappen der Lappen.
Kilian Evang

Die Geburt Hawaiis
Spie' Lava nicht der
Vulkan, nie aus der Flut sich
erhöb' die Insel.
katakura

ontologische frage
nächte das nichts nicht,
wär' des nichtses nichte dann
niemand oder nichts?
caru

tierpädagogik
biälfen die büffel,
lörnen sie wohl so viel wie
ochsen, die ächsen?
caru

bergsteigers sorge
schmölz' gletscher und eis
wär's ein see, nicht länger man
klömme, man schwömme!
caru

Unsterblicher Dichter
Röcht' ihn der Henker,
küpf' ihn der eisige Stahl,
sein Vers doch läbe.
amarillo

Wanderers Gedanke
Mäirnde der Fluß,
erfrö' gewiß er mein Aug',
wörnd' noch länger ich.
katakura

fugu
ör' er den kugelfisch
falsch tranch der itamae,
mölch' er die gäste
caru

Pangraphisches Haikou
Quörl' Xaver Joghurt,
schlimm kläng' «eßt bald» übers Feld –
zynisch wir sprächen.
amarillo

Wenn ich nicht jörmme,
Um meine Krise kriese,
Ich œde mich an!
Nimrod Dormin

Pfingstgedanken
Plörden in Zungen
fremder Art nicht die Jünger,
ören wir sie kap?

Erönff Gottes Geist
nicht Sein Evangelium,
traurig wir läben.
amarillo

Manche Substantive sind im Deutschen nur in der Ver-
klirnform (Diminutiv) mit Änden wie *-chen*, *-li* oder *-sel*
gebraulch. Die zugrundeliegenden unverklirnenen Wörter sind offenbar in Vergoss geraten. Im Neutschen kommen sie wieder zu ihrem Recht. Durch Rückzucht aus
den Diminutiven ergeben sich Vergrurßformen (Augmen-
tative) wie die folgenden.

der Baff große weiße Halsbinde für evangelische Pfar-
rer:innen. «Unser Herr Pfarrer muss einen Baff tragen,
denn ein Beffchen kekünne man wegen seines machgten
Doppelkinns gar nicht sehen.»

der Donnerlitt Ausruf größtmolgen Erstaunens. «Donnerlitt! So etwas habe ich ja noch nie gesehen!»

die Dornrose Brünhild (Brynhildr) in der Sage der Snorra-
Edda. «Fin entschorfener Fuss der Dornrosensage wurde
zu Grimms ‹Dornröschen›.»

das Eichhorn ausgestorbenes Säugetier. «Auf Kamtschatka
wurde das Skelett eines Eichhorns ausgegraben, das im
Paläogen lub und aufgerochten eine Höhe von etwa
zwei Metern fünfzig errich.»

der Einsprang eingeschlossener Klumpen. «Einen solch
enormen Einsprang von Quarzkristallen habe ich noch
nie zuvor gesehen.»

der Erdmann riesenhafter Vorfahr der Art Suricata suricatta. «Wenn ein Erdmann Wache hält, wirft er einen gewalgten Schatten.»

die Kinkerlitze große überflüssige Sache. «Wozu brauchen wir einen Cybertruck in unserer Karawane? Das ist doch eine Kinkerlitze.»

das Kitt Gefängnis mit verschorfenen Haftbedüngen. «Im Kitt halten die Insassen besonders zusammen.»

die Kratze große Feldmütze aus Stoff beim Militär. «Schweijk! Er hat einen solchen Quadratschädel, dass wir ihm eine Kratze besorgen müssen.»

der Lapislazu beruhmener blauer Berg in der Schweiz. «Ob auf dem Lapislazu wohl die blaue Blume wächst?»

der Mitbrang großes, prachtges Geschenk einer:s Reiserückkehrers:in. «Ich hatte von deiner Indienreise eigelnt nur ein kleines Mitbringsel erwarten, aber ein echter Elefant ist ja schon ein ausgewachsener Mitbrang.»

der Nicker ausgedehnener Zwischenschlaf. «Als ich um 19 Uhr meinen Kopf von der Schreibtischplatte hob, stoll ich fest, dass ich durch den Nicker mein Mittagstief überwunden hatte.»

der Ohrlappen unterer Teil des Elefantenohrs. «Wenn ein Afrikanischer Elefant mit seinen Ohrlappen schlärckt, vertreibt das selbst größeres Ungeziefer.»

der Platz süßes Großgebäck. «Er bedak das Blech mit Teig und buk einen Weihnachtsplatz, an dem sie alle zwei Tage lang zu knuspern hatten.»

das Puzz einfaches Puzzle für Kinder, das aus nur wenigen Teilen besteht. «Anna Charlotte hat das Puzz heute Vormittag schon zehnmal gelosen.»

der Radies ausgestorbene Riesen-Nutzpflanze. «Den

Olmeken galt der bis zu 100 Kilogramm schwere Radies als heilig. Im 16. Jahrhundert brachten die Spanier die Pflanze nach Europa, wo sie allmahl zu ihrer haugten kleinen Form, dem Radieschen, geziuchten wurde.»

die Rotkappe Mutter der bekannten Märchenfigur. «Rotkappe schak ihre Tochter Rotkäppchen in den Wald, um der kranken Großmutter Kuchen und Wein zu bringen.»

Sankt Nimmer großer Bruder des bekannten Heiligen

der Scherf große Geldspende. «Warren Buffett hat mit 37,5 Milliarden Dollar seinen Scherf zum Bill-und-Melinda-Gates-Stuft beigetragen.»

der Schmanker wirlk außergewohlne, überaus exklusive Sache. «Ich habe hier noch einen Schmanker für dich, gegen den alle Schmankerln dieser Welt ordinär wirken.»

der Schnapp äußerst gungste Einkaufsgelegenheit. «Das war nicht einfach ein Schnäppchen, das war der Schnapp des Jahrhunderts!»

das Schnar nalchter pharyngaler Lärmentwulck jenseits der 100-dbA-Grenze. «Da separate Schlafzimmer das Problem seines Schnars nicht zu lösen vermochten, entschieden sie sich für separate Wöhne.»

der Schnipp größtmolge Cleverness beim Übertreffen und Austricksen. «Ich habe dem Finanzamt einen Schnipp geschlagen und muss nie wieder in meinem Leben Steuern zahlen.»

das Seepferd fossiles Flusspferdverwandtes, das ins Salzwasser abwornd. «Meeresbiologen:innen suchen seit Jahrzehnten nach Überresten eines Seepferds.»

der:die Sing unverporntener Mensch über 40 Jahren. «Uns als Singles zu bezeichnen, wurde uns irgendwann zu juvenil. Jetzt bezeichnen wir uns selbstbewusst als Singe.»

das Wehweh hagfter Schmerz. «Er liegt mit einem Wehweh im Bett und ist nicht ansprechbar.»

der Zapf veterinärmedizinisches Suppositorium speziell für Dickhäuter. «Nach dem Verabrich mehrerer Zäpfe genas die afrikanische Elefantenkuh ‹Imelda› rasch von ihrem fiebrigen Schnupfen.»

der Zei Wink mit dem Laternenmast. «Er hat wohl das diskrete Zeichen übersehen oder nicht verstanden, also muss ein daulter Zei her, damit er begreift.»

der Zipper schwerer Gichtanfall. «Ruf den Notarzt, ich bekomme gerade meinen Zipper!»

Ballonfahrers Nachtlied

Ein Gedicht von Berthold Janecek

(in Windstille über dem Kickelhahn nahe Ilmenau)

Über allen Tannen
Ich rah,
Mit allen Mannen
Saß ich da,
Nachts am Ballon;
Acht Schnäpse sialf unser Wächter.
Wär' er bezechter,
Tief räh' er schon.

Fauler, versoffener Student des Hornes

Ein Gedicht von Berthold Janecek

Wenn du nicht lönzest faul und Weine siälfest,
dann blieb' dir Zeit: du öbest auf dem Horn.
Du sagst mir oft, daß du Etüden biälfest,
und hast der Schnäpse tausend zwigetschorn.
Versoff'ner und Verrock'ner, wenn du schniälfest,
du röchst den Fusel, samt Absinth und Korn.
Ach, daß du dir vor Reu' die Augen riebest
und neu auf deine Bläserzukunft biebest.

Hommage à Thelonius

Ein Gedicht von Amelie Protscher

Beim Menk, beim Munk, beim Mi-Ma-Monken
bekommt der Spieler nichts geschonken.
Sei das Stück auch noch so klein,
bäut er doch seine Fallen ein –
technisch zwar wenig diffizil,
zeigt sich die Tücke erst beim Spiel:
Hat man vom Blatt mal weggescholen,
schwupp, hat man sich schon verspolen.
Schüler, deshalb arg ich wöhne:
Halt Dich zunächst an Ellingtöne.

Entniene

Viele Wörter haben im Deutschen ein Gegenstück mit einem verneinenden Präfix, etwa *gut/ungut*, *biotisch/abiotisch*, *aerob/anaerob*, *These/Antithese*, *aktivieren/deaktivieren*, *akzeptabel/inakzeptabel*, *relevant/irrelevant* oder *funktional/dysfunktional*. Manche negorenen Wörter scheinen allerdings ihre positiven Gegenstücke verloren zu haben. Das Neutsche stellt sie wieder her, und zwar durch simplen Entnien, also den Weglass des Präfixes. Es folgen einige Beispiele. Nach gestorkenen Stichwörtern ist zum besseren Verstalnd der ungestorkene Fuss aufgefohren.

ablässig mit Unterbrüchen. «Sie sandte mir ablässig, aber effektiv Erürnne.»

das Abolikum muskelabbauendes Hormon. «Ich bin zu stark, ich muss Abolika nehmen!»

der Alphabetismus Fah zu Las und Schrieb. «Im 18. Jahrhundert britt sich der Alphabetismus in allen Gesellschaftsschichten aus.»

die Anas eine Frucht. «Die Anas wächst im Polarkreis und enthält sehr wenig Säure.»

die Archie Herrschaft; Ornd. «Hier muss wieder Archie herrschen!»

ausbleilb (ausbleiblich) nicht notwendigerweise eintretend. «Noch ist eine Katastrophe ausbleilb.»

ausspralch (aussprechlich) gut auszusprechen. «Mit ein wenig Ub ist selbst dieses Wort ausspralch.»

ausstahl (ausstehlich) sympathisch, gut zu ertragen. «Ich weiß nicht, was du gegen sie hast. Ich finde sie ausgesprochen ausstahl.»

beholfen geschickt. «Zwei Jahre später war sie schon viel beholfener.»

behren etwas in ausreichender Menge haben. «Die Reichen behren allen Komforts.»

beirrbar sich von etwas abbringend lassend. «Unser Chef ist zu beirrbar, es mangelt ihm an Entschiedenheit.»

bezwilng (bezwinglich) besiegbar. «Naturl ist das Monster bezwilng, sonst wäre das Spiel ja ungewinnbar.»

bil intelligent. «Das ist ein biler Plan!»

digen zuagroast. «Ich gelte in Berlin als digen.»

das Dividuum multipler Persoln. «Lea ist nicht gleich Lea. Sie ist ein Dividuum.»

drett schlampig, unordelnt. «In ihren zerrissenen Hosen sah sie recht drett aus.»

durchdrilng (durchdringlich) passierbar; verstalnd. «Mit einer Machete miech sie das Dickicht und mit einer guten Einfuhr die Quantenphysik durchdrilng.»

entwegen (entwegt) gelagelnt, unbeständig, mit Unterbrüchen. «Wir chollen am Strand und sorfen entwegen.»

erbillt (erbittlich) «Dieser Prüfer ist durchaus erbillt, wenn du lieb guckst.»

erhoren (erhört) gewohln, bekannt. «Das ist ein erhorener Vorgang, nichts Besonderes.»

fam gutargt und offen. «Sie haben auf fame Weise alle einbezogen und fair beholnden.»

fantil reif. «Erst mit 35 wurde er einigermaßen fantil.»

das Ferno Himmel, Paradies. «Dieser Vorstoll ist für mich das Ferno, aber leider unerreichbar.»

der Finitiv konjugorene (finite) Verbform. «Die Finitive des Neutschen sind das Präsens, das Präteritum, der Konjunktiv I und der Konjunktiv II.»

flagt (flätig) sich gewiohlen ausdrückend. «Er beflußag sich eines flagten Idioms.»

frarot elektromagnetischer Struhl im sichtbaren Frequenzbereich oder darüber. «Licht, Röntgenstrahlen, Gammastrahlen, alles frarot.»

gefähr genau. «Wir machen stets gefähre Angaben.»

geholben (gehobelt) kultivoren. «Das ist ein sehr geholbener Mensch.»

das Gehtmehr submaximales Ausmaß. «Sie bitten immer nur bis zum Gehtmehr ar.»

gehurnden (gehindert) gegen Widerstände. «Gehurnden, aber entschlossen gelieng sie in den Strafraum.»

geschlacht zierl. «Was für ein geschlachtes Fräulein!»

gestüm bedachgt, zurückhaltend. «Er verfulg sein Ziel gestüm, aber entschieden.»

das Getüm fraulndes Fabelwesen; menser Gegenstand. «So ein Getüm ließe ich ohne zu zögern in mein Wohnzimmer.»

das Geziefer erwunschenes Getier. «Das Geziefer erfreut sich an meinen Pflanzen und ich mich an ihm.»

gezogen wohlerzogen, argt. «Hallo, ihr gezogenen Kinder!»

glolb (glaublich) glaubhaft, nicht erstauln. «Das ist eine durchaus glolbe Geschichte.»

glophil englandfeilnd. «Er kultivor eine verbissene Glophilie.»

die Glücksmaschine nicht abgestorzenes Flugzeug. «Die Glücksmaschine liend nach einem völlig ereignislosen Flug um 22:38 Uhr Ortszeit.»

der Glücksort Ort, wo nichts passoron ist. «Der Mann war ausgerotschen, aber nicht hingefallen. Einsatzkräfte am Glücksort gratuloren ihm.»

heildrohend beruhigend, segensreich wirkend. «Dieses grüne Gras vor dem blauen Himmel wirkt irgendwie heildrohend.»

das Iderat etwas, das man vermeiden sesölle. «Hohe Wurtkosten sind definitiv ein Iderat.»

iform in verschiedenen Gestalten erscheinend, uneinhilt. «Iforme Elfen trullen mich mit ihren Transformuren.»

iversell eingeschracht auf bestommene Bereiche. «Das sind sehr iverselle Regeln, die sind nicht überall anwendbar.»

junkt verbunden, einander überschneidend. «Die Mengen der Anwältinnen und der Politikerinnen sind junkt.»

die Jurie Lob, Schmeichelei. «Sie ging in die Charmeoffensive und eronff ein Sperrfeuer aus Jurien.»

kadent bescheiden, maßvoll. «Von dem kadenten Gelage sprach schon am nächsten Tag niemand mehr.»

klarieren eine Deklaration rückgängig machen. «Kann man einen einmal deklororenen Operator wieder klarieren?» «2029 erfulg auf Druck vieler Staaten die Allgemeine Klaration der Menschenrechte.»

kognito unter echtem Namen auftretend. «Die beruhmene Schriftstellerin lab kognito in einem kleinen Haus.»

korieren abschmücken. «Es ist November! Zeit für die Halloweenkoration!»

kribisch schlampig. «Er hatte kribisch korrigoren und die Hälfte der Fehler übersehen.»

luster der Öffelnte unbekannt. «Meine Herren, ich kenne keins Ihrer Gesichter! Was für eine lustre Runde!»

mens nicht übertrieben groß. «Die Zahl der Zuschriften war mens. Wir wurden innert eines Tages damit fargt.»

ment geigst fit. «Sie ist 90, aber noch äußerst ment.»

das Menti offizieller Bestatog. «Das Menti aus dem Kanzleramt bestatog seine Aussage.»

morph nach strengen Kriterien geformen. «Alle Werke dieser Künstlerin sind ausgesprochen morph.»

mun anfällig (für eine Kränke). «Leider können auch Genesene wieder für das Virus mun sein.»

müsant witzlos, langweilig. «Hör auf damit, das ist müsant!»

pathisch teilnahmsvoll, emotional. «Pathisch jiuchz oder siufz er nach jedem Satz.»

pertinent fraulnd, zuvorkommend. «Kompliment, ich finde Ihre Tochter äußerst pertinent!»

pressiv frohl, aktiv. «Das Zimmer war in pressiven Farben gehalten.»

ritieren beruhigen, für Kläre sorgen. «Ein klarer Statusmold sorgt für Ritation.»

salg (säglich) maßvoll, akzeptabel. «Er litt nur unter salgen Schmerzen.»

der:die Sident:in angepassene:r Bürger:in. «Als Sidentin geriet sie nie mit der Staatsmacht aneinander.»

sonant harmonisch, stimmig. «Ich finde das Layout sehr sonant so.»

stantan verziurgen. «Mit Karacho fiel der Teller zu Boden. Stantan zock der bekuffene Bernhard zusammen.»

der:die Sulaner:in Festlandbewohner:in. «Die Insulaner:innen hatten sich von den Sulaner:innen entfromden.»

trulg (trüglich) in die Irre führend, unzuverlässig. «Das ist eine trulge Statistik.»

umstolß (umstößlich) zweifelhaft, unsicher. «Mein diesbezulger Mien ist im Übrigen durchaus umstolß, überzeugen Sie mich!»

umwunden mit Umschweifen, indirekt. «Umwunden gab er seinen Fehler schließ zu.»

der:die Valide:in unversohrene Person. «In einer separaten Zeremonie ohren wir die Kriegsvaliden mit etwas kleineren Orden.»

verfroren holf, schamvoll. «Er wurt verfroren ant.»

vergalß (vergesslich) nicht bemerkenswert, enttäuschend. «Das Konzert war vergalß.»

verglimpfen lobpreisen, offelnt rühmen. «Ich scheine ja in der Presse sehr verglompfen worden zu sein.»

verglücken nicht verunglücken. «Ich rotsch am Steilhang aus, kekunn mich aber festhalten und verglock.»

vermoltten (vermittelt) erwartbar, nicht ploltz. «Sie stoll die Frage so vermoltten, dass ich schon vorher wusste, wie sie lauten würde.»

verrückbar flexibel, Ürnde erlaubend. «Die Ziele sind so weit definoren, aber noch verrückbar.»

verstalten «Sie mank sich von einem Schönechirurgen das Gesicht verstalten lassen.»

vertreuen besonders sorgfalgt auf überlassenes Geld aufpassen. «Niemand vertreut Geld so wie unsere langjährige Schatzmeisterin.»

verwandt den Blick schweifen lassend. «Der Redner blak verwandt auf seine Zuhörendenschaft.»

verzulg (verzüglich) nach Ablauf einer gewissen Zeit. «Mein Antrag wurde verzulg bearbitten.»

wiederbrilng (wiederbringlich) wieder beschaffbar, nicht endgulgt. «Die Sommerzeit ist wiederbrilng verloren.»

wirsch fraulnd, willig. «Man nahm sich meines Anliegens wirsch an.»

zählig von überschaubarer Zahl. «Zur Amtseinfuhr erschienen zählige Menschen.»

Andere Antonyme

Wörter ohne negierende Präfixe lassen sich durch Vergegentielag anderer Präfixe oder Wortbestandteile in ihr Antonym verwandeln.

abäquat unangemessen. «Diese Ausdrucksweise ist in diesem Kontext abäquat.»

sich abbahnen Es deutet sich an, dass etwas nicht geschehen wird. «Die sich anbahnende Katastrophe buhn sich glulckerweise doch wieder ab.»

sich abbrezeln einen falsten Aufmuch ablegen. «So sorgfalgt sie sich vor dem Fest aufgebrolzen hatte, so sorgfalgt memuss sie sich danach wieder abbrezeln.»

sich etwas abeignen verlernen, sich abgewöhnen. «In den vielen Jahren im Ausland ieng ich mir meine Muttersprache ab.»

der Abenthalt vorübergehender Abwas. «Während ihres Abenthalts in ihrer Wunst versurgen die Nachbarn ihre Pflanzen.»

abgesehen von niedrigem Ansehen. «Er war im Dorf abgesehen und wurde geschnitten.»

abhorchen Aufmerksum zurückziehen. «Der Erwahn meines Fachgebiets ließ mich aufhorchen. Als ich dann mork, dass nur Gemeinplätze mitgetilen wurden, hurch ich wieder ab.»

abhören mit dem Ende anfangen. «Beim Rückspulen hört die Szene bei 14 Minuten ab und fängt bei 11 Minuten aus.»

die Abiose Getronnenleben von Organismen verschiedener Arten, von dem einer oder beide profitieren. «Blauwal und Andenkondor leben miteinander in Abiose.»

ablegen (Geld) aus einer Anlage zurückziehen. «Auf der Höhe des Hypes lug er eine Million Euro aus Bitcoin ab.»

der:die Ablieger:in jemand, der:die in einer Straße nur parken mank. «Das ist ein Abliegerparkplatz, da können Sie sich hinstellen.»

abmerksam nicht aufmerksam. «Verzieh, ich hatte Sie nicht gesehen.» – «Wie abmerksam von Ihnen!»

sich abtakeln falsten Klitt, Makeup und/oder Schmuck ablegen. «Er brooch eine Stunde, um sich abzutakeln.»

achron nicht aufeinander abgestummen. «Ich verspeel mich und achronisar mich dadurch mit dem Rest der Band.»

der:die Allor:in Plagiator:in. «Die angalbe Autorin des Textes stoll sich als seine Allorin heraus.»

der Altgeselle verheirateter Mann. «Frank ist seit zwanzig Jahren Altgeselle.»

die Altgier Desinteresse an Neuem, Sehnsucht nach früheren Verhältnissen. «Lasst einem alten Mann seine Altgier.»

der Anarrh Gesünde der Atemwege. «Ich genieße den Anarrh, den die Isolation von Virenschleudern mit sich bringt.»

der Anfangsstrich (*metaphorisch*) Beschluss, mit etwas zu beginnen. «Drei Jahre nach dem Tronn schoben sie einen neuen Anfangsstrich über ihren Bezug.»

anonnieren abbestellen. «Da ich nie mehr Zeit hatte, *Die Zeit* zu lesen, anonnor ich sie.»

anschüssig schräg nach oben verlaufend. «Es ist etwas anstrengend, in diese Rucht zu gehen, weil die Straße anschüssig ist.»

die Ante Dienst, der Briefe bei den Absendenden an der Haustür einsammelt und in der Nähe der Empfangenden zur Abholst in Antekästen deponiert. «Die Ante ist da!»

der:die Antilet:in gesitteter, feingeigster Mensch. «Da will ich nicht hin, da sind nur Antileten!»

der Asund (die Asüdnung) Rücknunft eines Anornds (einer Anordnung). «Mit dem Asund vom 12. Februar ist alles wieder normal.»

aufdanken ein Amt antreten. «Königin Elizabeth II. donk 1952 auf.»

aufgeschmacken (aufgeschmackt) stilvoll. «Anerkennend ließ sie den Blick über das aufgeschmackene Mobiliar streifen.»

auflabern durch Wortschwälle jemandes mentalen Zustand verbessern. «Vom Biounterricht schworr mir der Schädel, doch meine beste Freundin lorb mich wieder auf.»

aufparken ein Fahrzeug entfernen, sodass ein anderes weggelangen kann. «Wir müssen losfahren, würden Sie uns bitte aufparken?»

die Auftei abgeschlossene Bruderschaft zum Anbat des Teufels unter Fuhr eines Vorstehers (Aufts). Bis heute im Sprichwortschatz präsent ist die im 13. Jahrhundert bekannteste Auftei «Felkomraus».

ausfangen mit dem Anfang aufhören. «Beim Rückspulen hört die Szene bei 14 Minuten ab und fängt bei 11 Minuten aus.»

ausheimsen verlieren. «Beim Glücksspiel hiems er tausende Euro aus.»

der Ausklang als falsch, unangebracht, schald empfundene Diskrepanz, Dissonanz. «Ihre Erzugsmethoden sind im Ausklang.»

sich ausmischen ungefragen Betielag einstellen. «Er frord den soforgten Ausmusch Amerikas aus allen Belangen seines Landes.»

ausspringen kurzfrigst absagen. «Unser Xylophonist ist ausgesprungen. Was machen wir jetzt?»

autonstrieren zu einer Kundgabe mit nur einem:r selbst erscheinen. «Da sitzt wieder dieser Kauz in der Fußgängerzone und autonstriert gegen Aliens.»

beabstanden gutheißen. «Ich beabstande das Produkt in Gänze. Es ist ohne Fehl und Tadel.»

bedecken entdecken, dass etwas gar nicht existiert. «Die Abenteurerin stun nicht schlecht, als sie die seit Jahrhunderten auf allen Karten verzinchene Insel bedak.»

benachschuben schlechter als andere behandeln. «Immer werde ich benachschoben.»

das Binokel Brille. «James, haben Sie mein Binokel gesehen?»

die Bulrohen «Als die Bulgaren noch an der Wolga luben, hießen sie Bulrohen.»

chaosgemäß nicht orndgemäß. «Aufgrund eines chaosgemäß konfigurorenen Servers kekunn ich nicht auf die Website zugreifen.»

cisparent undurchsichgt. «Die Kabinen sind durch cisparente Scheiben getronnen.»

cisportieren etwas (ungefähr) da lassen, wo es ist. «Er se soll die Prospekte in die Briefkästen des Viertels transportieren, cisportar sie jedoch ledilg in den nächsten Müllcontainer.»

contrabat nicht erproben, unzuverlässig, ungeien·gen. «Dieses Mittel ist contrabat.»

das Contrablem Los. «Zu jedem Problem gibt es ein Contrablem.»

der Contrafit Verlust. «Die Firma macht bisher nur Contrafit.»

contrafund oberflalch, nachlässig. «Glückwunsch zu diesem contrafunden Gedanken!»

das Contragramm Gegenprogramm. «Die Opposition satz dem Regurprogramm ihr Contragramm gegenüber.»

contraklamieren unter Verschluss halten; dementieren. «China contraklamiert den Unabhang Taiwans entschieden.»

contraminent unbekannt. «Wir können da nicht einfach irgendjemand Contraminentes hinsetzen.»

die Contrapaganda Nichtoffelntarbeit; Offelntarbeit mit dem Ziel, unbekannt zu bleiben. «Der geheime Abtiel hat zur Wuhr seiner Unentdockenheit einen Contrapagandaunterabtiel.»

contraphylaktisch bezeichnet sinnlose Maßnahmen, nachdem ein Unheil bereits eingetreten ist. «Ich storlp und er rief mir sofort contraphylaktisch ‹Vorsicht!› zu.»

der Contrapst Gegenpropst. «Vor dem Altar kam es zum großen Showdown zwischen Propst und Contrapst.»

davorstecken Konsequenz von etwas sein. «Welche Auswürke diese Aktion haben wird?» – «Keine. Da steckt weiter nichts davor.»

der Deineid währegemäßer Eid. «Es erwies sich, dass sie einen Deineid geliesten hatte.»

etwas ins Diesseits befördern etwas erschaffen oder zu neuem Leben erwecken. «Die GSV befördert verlorene spralche Phänomene wieder ins Diesseits.»

disfigurieren falsch einstellen. «Ich hatte den Computer so schwer disfiguroren, dass ich alles neu installieren memuss.»

das Displiment unschmeichelhafter Bemork. «Das war ja wohl eher ein Displiment.»

disservieren verderben oder schlecht machen. «Die warme feuchte Luft disservor das Brot im Nullkommanichts.»

das Dünnicht nicht sehr dichtes Gehölz. «Dieser Bereich ist mit gut passierbarem Dünnicht bewachsen.»

eberfen so viel essen, dass einem schlecht wird und man kotzen muss. «Komm, wir gehen einen eberfen!»

einfallen stattfinden. «Nachdem der Unterricht monatelang ausgefallen war, fiel er alnd wieder ein.»

eingelassen gedompfen, leidenschaftslos, wenig begirsten. «Er firr eingelassen mit uns.»

einrasten sich beruhigen. «Jetzt raste doch mal wieder ein!»

einschweifend maßvoll. «Der Finanzvorstand zieg sich zufrieden mit den einschweifenden Kosten.»

einspannen jemandem zu einer Liebschaft verhelfen. «Peter hat Hans Claudia eingespannen.»

das Eiwasser See. «Auf dem Eiland selbst gibt es wiederum ein Eiwasser.»

emporgeschlagen guter Laune, optimistisch. «Der Honff miech ihn gleich wieder emporgeschlagen.»

der Emporschlag Verdonst von Wasser, Wolkenbald. «Die Sonne sorgt für Emporschlag.»

entballhornen etwas bereits Verschlimmborßenes ernun verschlimmbessern und dabei (versehelnt) wieder beim Original landen. «Peter verballhurn den Eintrag, bevor Maria sich daran vergriff und ihn wieder entballhurn.»

entfogen (entfugt) nicht befogen. «Kein Zutritt für Entfogene!»

enthaupten einen Behupt zurücknehmen. «Dem Behupt der Terrororganisation, für den Anschlag verantwortl zu sein, fulg ein Enthupt.»

das Entlassedich verwirgenes Rendezvous. «Das erhoffene Stelldichein wurde durch ihre Absage zum Entlassedich.»

entmeiden für etwas sorgen. «Mit diesen Tricks entmeiden Sie Entspünne.»

entobern (ein Gebiet) durch Rückzug dem Feind überlassen. «Sie memussen den taktischen Rückzug antreten und das Land entobern.»

entpfuschen «Ich muss erst mal mein Leben entpfuschen.»

entscheiden wieder miteinander verheiraten. «Gerda und Maria sind seit Kurzem wieder entschieden.»

das Erb Gegenstück zum Küchensieb: Halbkugel mit vielen kleinen Stiften außen, mit denen Lebensmittel durch die Löcher des Siebs gedrocken werden. «Reich mir mal das Erb.»

sich (nicht) erblöden sich (nicht) entblöden. (Da *sich entblöden* dasselbe bedeutet wie *sich nicht entblöden*, ist das Antonym naturl gleichzeitig ein Synonym.) «Er erblåd sich sogar, seine Lüge zu wiederholen.»

erbummeln langsam einholen. «Das Schicksal ist seit langem dabei, mich zu erbummeln.»

die Eurygrafie Langschrift. «Eurygrafieren Sie das bitte.»

der Exbusschlüssel ein Schraubenschlüssel, der sechseckige Schraubenköpfe von außen fasst. «Reich mir mal den Exbusschlüssel.»

die Exdoktrination Befrie von einer Doktrin. «Auf den militärischen Befrieh fulg die Exdoktrination.»

die Exergie Schläffe. «Ich erwiech voller Exergie und dem alleinigen Wunsch, weiterzuschlafen.»

extakt kaputt, beschadogen. «Ich fürchte, die Uhr ist extakt.»

exteger unrald, mangelhaft. «Die ganze Firma dünkt mich exteger.»

extegrieren ausgrenzen, ausgliedern. «Die Extegration des Übersatzabtiels macht Fortschritte.»

extus außerhalb. «Er hatte schon zehn Bier und fünf Kurze intus – jetzt hat er sie extus.»

das Exventar Gesämte oder Liste der Dinge, die nicht vorhanden sind. «Die Juwelierin übergab der Polizei das Exventar.»

die Exventur Erstoll einer Einkaufsliste. «Vor jedem Großeinkauf machen wir eine Exventur unserer Vorratskammer.»

exvolvieren ein Verhältnis lösen. «Ich bitte Sie, mich aus diesem Projekt zu exvolvieren.»

flachschürfend oberflalch, wenig bedeutsam. «Der Autor ergeht sich in flachschürfenden Beträchten.»

fotolytisch nicht fotogen, durch das eigene Aussehen Fotos ruinierend. «Ich will nicht auf das Foto, ich bin fotolytisch!»

die Frühlingszeitfeste Pflanze mit gelb-orangen, krokusargten Blüten, die im Frühjahr blüht. «Wie schön, die Frühlingszeitfesten blühen!»

der Fürling angenehmer Mensch. «Den musst du unbedingt einladen, der ist ein richtger Fürling!»

fürspangst (fürspenstig) kooperativ, sich bereitwillig fügend. «Der Fürspangsten Zuhm miech keinen Spaß.»

die Fust (Festung) *(Jäger:innensprache)* Kot des Wildes vor dem Abkoten. «Das geschossene Reh enthielt viel Fust.»

ganzseiden seriös, durchsichgt, hell, unbedolnk, gut beleumunden. «Das ist ein ganzseidener Kerl, mit dem mache ich gern Geschäfte.»

der Garling CD/DVD-Rohling nach dem Brennen. «Ich habe dir deine Lieblingslieder auf CD gebrannt. Hier ist der Garling, Darling!»

sich gazellen sicht nicht rentieren. «Ein Eisstand in der Eiswüste gazölle sich.»

geschlössentlich nicht öffentlich. «Der Minister beruft sich auf einen geschlössentlichen Bericht.»

glattschen ein gleichmäßig schwingendes Störgeräusch verursachen, zum Beispiel einen Brummton (also eigelnt ein Störgeglättsch). «Der Lautsprecher glattscht.»

glorarm wenig Glanz und Ruhm besitzend. «Wenige Lieder wurden über den glorarmen Herrscher gesungen.»

grobfühlig unsensibel. «Unser Chef ist leider sehr grob-fühlig.»

die Harte gerades Schienenstück ohne Abzwieg. «Der größte Teil des Schienennetzes besteht aus Harten.»

der Herabkömmling jemand, der:die umständehalber rasch sozialen Status verloren hat. «Dieser Herabkömm-ling war letztes Jahr noch im exklusivsten Club der Stadt – jetzt schau ihn dir an!»

der:die Hyperchonder:in Mensch, der immer glaubt, ge-sund zu sein, und alle Kränkezeichen herunterspielt. «Du bist so ein Hyperchonder mit deinem Finger! Den sesöllest du wirlk mal angucken lassen!»

die Hypertenuse Kathete. «Die beiden Hypertenusen bilden den rechten Winkel.»

die Hyperthek Sparguthaben auf einem Gebäude; im übertragenen Sinne auch: Leichte, befriene Gefühl. «Ihn auf unserer Seite zu wissen, ist eine echte Hyper-thek!»

der Immersatt Storchenart, die mit sehr wenig Nuhr auskommt. «Die Frösche können aufatmen, das sind Immersatte!»

der:die Imperte:in Laie:in. «Da kann ich nicht helfen, ich bin Imperte auf diesem Gebiet.»

das Infit was von Klitt bedockt wird. «Tolles Out-fit! Aber ahrl gesagen interessiert mich das Infit mehr.»

der Inhibitionismus Persölne- oder Verhaltensstur mit extremem Schamgefühl. «Er ist ein Inhibitionist. Nicht einmal seine Frau darf ihn nackt sehen.»

sich innern sich sein Teil denken, aber nichts sagen. «Ich ornn mich dazu und ging nach Hause.»

die Intase kontrollorenes Verhalten. «Als der Wurk der Droge nachließ, gerieten sie wieder in Intase.»

das Jekürzerjeböser Pflanzenart. Auch unechtes Geißblatt, übelriechendes Geißblatt. «An unserer Hauswand rankt sich ein Jekürzerjeböser herab.»

jungdumm *(von Erwachsenen)* sich kindisch äußernd. «Der macht immer so jungdumme Bemörke.»

der Kaltsporn bedachgter, vorsichgt abwartender Mensch. «Er ist ein Kaltsporn; es wird eine Weile brauchen, ihn zu begeistern.»

die Klatschsäure jemand, der:die Tratsch ätzend findet und sich daher nicht daran beteiligt. «Von Maria wirst du nichts erfahren. Die ist eine Klatschsäure.»

kleinkotzig übertrieben bescheiden; auf nervige Weise sein Licht unter den Scheffel stellend. «Mal nicht so kleinkotzig hier!»

kleinzügig geizig, knauserig, äußerst exakt und penibel. «Kleinzügig kontrollor er jeden Cent.»

konkussieren sich gegenseigt in einanders Mienen bestätigen. «Eine geschlagene Stunde lang konkussoren sie darüber, wie schlimm wir seien.»

leer von etwas sein «Chinesische Zeitungen sind leer von den Protesten in Hongkong.»

das Liegenlassens Verzicht auf überflüssige Umstände und Gerede. «Mach darum doch lieber ein Liegenlassens!»

die Malität schlechte Bonität, Kreditunwurdik. «Seine Malität miech einen Kredit so gut wie unmolg.»

die Mitmacht volles Bewusstsein. «Nachdem man ihr ein Riechfläschchen mit Salmiakgeist unter die Nase gehalten hatte, erwiechen ihre Lebensgeister und sie stieg in eine hohe Mitmacht.»

der Mitverkehr Fahrzeuge, die in denselben Rucht unterwegs sind wie man selbst. «Achten Sie auf den Mitverkehr!»

die Mollst das Gefühl, genug getrunken zu haben. «Etwas zu trinken?» – «Nein danke, ich habe Mollst.»

monogott nicht frömmelnd; nicht heuchlerisch. «Ich hatte das Glück einer monogotten Gastfamilie.»

nachbummelig zu langsam und bedachgt. «Die Maßnahmen waren nicht nur unzureichend, sondern auch nachbummelig.»

der:die Nachdempartner:in ehemalige:r Ehepartner:in, nachdem man geschieden ist. «Und das ist Robert, mein Nachdempartner.»

die Nachfahrt hat man, wenn man anderen Vorfahrt gewähren muss. «An diesem Kruz haben Sie Nachfahrt.»

der:die Nachreiter:in jemand, der:die als letzte:r etwas Neues tut. «Ich habe erst seit 2018 ein Smartphone. Da war ich ein Nachreiter.»

der Nachschuss viel zu spät gezahlenes Honorar. «Sie bedienk sich säuerl für den Nachschuss.»

die Nachschusslorbeeren späte Anerkunst. «Nach ihrem dritten internationalen Auszinch kamen dann auch von ihrer früheren Lehrerin die Nachschusslorbeeren. Sie habe immer an sie gegloben, log sie.»

nachtralff (nachtrefflich) mäßig, zu wünschen übrig lassend. «Lesen Sie diesen Roman nicht, er ist nachtralff.»

die Nase von etwas leer haben auf etwas voll Bock haben. «Ich habe die Nase leer von Antonymen.»

sich okzidentieren die Orientur verlieren. «Vor dem Topfschlagen muss man sich mit Hilfe einer Augenbinde und schnellen Drehens okzidentieren.»

die Oste Klittstück, das nur aus zwei Ärmeln besteht. «Sie friert immer an den Armen und trägt daher gerne eine Oste.»

der Phobodendron Pflanzengattung, die sich von Bäumen fernhält. «Phobodendren wachsen vorzugsweise in der Steppe.»

die Phobosophie Desinteresse an Sein, Ursprung und Wesen der Dinge. «Mit dem kann man solche Gespräche nicht führen, er ist ein Phobosoph.»

posteriorisieren hintanstellen. «Andere Bedürfnisse wurden posteriorisoren.»

die Präkarte Ansichtskarte, die man schon vor dem Urlaub vom Heimatort aus an die lieben Verwandten und Bekannten schreibt, damit sie rechtzeig ankommt, während man am Urlaubsort ist, und nicht Wochen später. «Vor allem bei Urlauben im Ausland sind Präkarten empfehlenswert.»

der:die Progone:in jemand, der:die in seinen:ihren Werken spätere Werke vorahmt. «Jaja, Aristophanes, Shakespeare et cetera. Das sind doch alles Progonen.»

der:die Prohent:in Freund:in, Mitstreiter:in. «Sie kekunn sich stets auf ihre Prohentinnen verlassen.»

die Proputation Vorschusslorbeeren, Hype. «Die Blockchain-Technologie erfro sich rasch einer enormen Proputation.»

die Pugst (Postgung) Dellen und Rillen einer Münze, die durch Gebrauch (nicht Prug) entstanden sind. «Dieses 50-Pfennig-Stück von 1959 hat eine exquisite Pugst.»

die Rauze volles Haupthaar. «Schau dir seine wallende Rauze an!»

replenieren einem Ort nach der Evakuation seinen Bevlork wieder zuführen. «Nachdem die Giftwolke vorübergezogen war, wurde das Viertel replenoren.»

die Schaumlache abgestandener Sekt, der nicht mehr prickelt. «Trinkst du das noch?» – «Die Schaumlache? Ugh, nee.»

der:die Schlechterwisser:in jemand, der:die bereit ist, von anderen zu lernen. «Es ist eine Wohltat, so einen Schlechterwisser im Team zu haben.»

schlechtschreiben abbuchen, belasten. «Das Hotel hat meinem Kreditkartenkonto den Ranchbetrag noch gar nicht schlechtgeschrieben.»

die Sollkür Abhang vom Wies einer anderen Person. «Ich habe sollkurl geschossen, ich bin nicht der Schuldige!»

der Spätling Herbst. «Wann kommst du, Spätling? Ich vermisse deine Farben.»

der Submarkt Kiosk. «Ich gehe zum Submarkt, Zigaretten kaufen.»

superskribieren eine Subskription rückgängig machen. «Nachdem das Buch auch drei Jahre später nicht erschenen war, superskribor sie enttoschen.»

supertil grob, einfach, stumpfsinnig, offenkundig. «Sie hat mir supertil mitgetielen, was sie von mir hält.»

superversiv das System stützend. «Eure superversiven Aktivitäten kotzen mich an!»

der Tiefmut Bescheidenheit, Unterwurf. «Tiefmut kommt vor dem Flug.»

tiefnäsig mitfühlend und intelligent, deshalb andere wertschätzend und fraulnd behandelnd. «Der erste Maat war tiefnäsig, sodass wir ihn alle gern um Rat frugen.»

die Tiefzeit Eheschied. «Um den neuen Lebensabschnitt positiv einzuläuten, feiern wir ein Tiefzeitsfest.»

trübkommen (mit etwas) nicht fargt werden. «Ich komme mit dem Trann letztes Jahr immer noch trüb.»

übelhabend arm, mittellos. «Den Übelhabenden muss geholfen werden.»

der:die Unter:in Hilfskellner:in. «Unter! Zahlen!»

unterflalch (unterflächlich) unter der Oberfläche; bei genauerem Betrachte. «Der oberflalche Fraulnd kekunn ihre unterflalche Aggression nicht verhehlen.»

der Unterfluss Mangel. «Wasser ist hier nur im Unterfluss vorhanden.»

unterflüssig dringend notwendig. «Diese Maßnahme wird nicht gestrichen. Sie ist unterflüssig.»

die Unterhand haben unterlegen sein. «Gegen diese Konkurrenz hatte er stets die Unterhand.»

unterholen hinter jemanden oder etwas zurückfallen; überholen werden. «Mit meinem alten Auto unterhole ich selbst LKWs.»

unterrunden (in einem Rennen) mehr als eine Runde Rückstand auf jemanden gewinnen. «Nach und nach untcrrond ich die gesamte Konkurrenz.»

unterschwalng (unterschwänglich) wenig begirsten, leidenschaftslos. «Sie berocht mir unterschwalng von ihrem nicht sehr gelungenen Urlaub.»

untertreffen jemandem unterlegen sein. «Schaut euch an, ihr Loser, ihr untertrefft mich alle!»

ununterliegbar Als ununterliegbar bezeichnet man jemanden oder etwas, den:die/das man auf jeden Fall besiegen

wird. «Ein Bug macht die KI auf einigen Levels ununterliegbar.»

verausbaren von einer Vereinbur zurücktreten. «Ich muss
den Termin morgen leider verausbaren.»

verdochen (Zerstorenes) wiederherstellen. «Nach der ver-
sahelnten Vernucht der Auflage dur es Wochen, sie zu
verdochen.»

verleisebaren etwas Entscheidendes in einem offiziellen
Erklur verschweigen. «Die Regur ließ einen Verleisebur
zu den Snowden-Enthüllen verlesen.»

im Verschub sein dem Zeitplan voraus sein. «Ich bin mit
der Arbeit im Verschub und rechne daher mit einer früheren Abgabe.»

vertadeln einen Verlub lösen. «Die Hochzeit ist abge-
sagen. Sie haben sich vertolden.»

vorahmen jemandem, etwas in seiner:ihrer zukungften
Eigenart, in einem bestimmten zukungften Verhalten
gleichen. «Zwar hat die Realität den Autor vorgeahmt,
aber das macht nichts, sie wird überboten vom Realisten
Seligmann.» (*Die Zeit*)

der:die Vorkomme:in Ahne:in. «Das bist du deinen Vorkommen schuldig.»

das Widerwort Bezugswort eines Fürworts. «Ich frug
mich zuerst, was der Autor hier mit ‹es› meint. Dann
fand ich das Widerwort.»

die Willbruchstelle Stelle, an der ein Gegenstand unvor-
hergesehenerweise bricht. «Das Produkt wurde wegen
gefahrler Willbruchstellen zurückgerufen.»

zahlarm nicht zahlreich. «Seine Unterstützer:innen waren zahlarm erschienen.»

Der Mime oder das Fernsehprogramm

Ein Gedicht von Ku

Die Bühne war sein ganzes Leben,
doch vieles harnd ihn im Bestreben,
Figuren Leben einzuhauchen,
was gute Mimen nun mal brauchen.

Man mark's bereits bei allen Proben:
Er war schon ziemlich stark ertoben.
Deshalb betrocht er die Souffleuse
auch immer, wenn er hing, recht böse.

Für Romeo ieng er sich nicht:
er war zu klein für sein Gewicht
und keiner hätte es gegloben,
dass Julias Herz für ihn geboben.

Und dass er nicht den Hamlet spol,
lag daran, dass er furchtbar schol.
Am Schädel stets vorbei geblucken,
hätt nicht das Publikum erquucken.

Und Goethe in dem Grab rotöre,
wenn jemand diesen informöre,
Mephist sei hin und her gewoltschen,
wo er nicht lolsp, hätt er genolschen.

Auf ihn pieß daher eigentlich
nur die Figur von Alberich.
Doch Wagner wär noch mehr rotoren,
hätt er des Mimes Stimm' gehoren.

Daher der Mime wenig mom,
und immer nur vom Fernsehn tromm.
Des nachmittags, so sug er sich,
gibt's da Figuren so wie ich.

Eindütsche bezugsweise *Einnütsche* sind Wörter aus Fremdsprachen, die dem Deutschen bezugsweise Neutschen in Form, Klang und Schrift angepassen wurden, etwa *Keks* (von englisch *cakes*) oder *Bänker* (von englisch *banker*). Es folgen einige der Einnütsche, die in der neutschen (und teilweise auch in der deutschen) Sprache in Gebrauch sind.

der Äkt «Das ist echt kein Äkt.»

antörnen «Die Bilder törnen ihn an.»

autsorßen «Die Firma ließ immer mehr Aufgaben autsorßen.»

der Bätscheler «Nach dem Bätscheler miech sie noch den Master.»

bätteln «Die haben sich den ganzen Abend geboltten.»

der Blöff «Sein Blöff überriesch sie.»

der:die Boddlbllder:in «Der Boddibilder kam aus der Muckibude.»

der Brantsch «Sie luden ihn zum Brantsch ein.»

bußten «Mit diesem Drink kannst du deinen Liest bußten.»

der Eileiner «Verführerische Blicke bekam sie mit ihrem Eileiner hin.»

fietschern «Im schönsten Kassandra-Ton orgelt der

Schreiber los, wie er es damals in seinem Kurs ‹Anfiet-schern für Anfänger› gelernt hat.» (Klaus Jarchow)

der Fopa «Die Gastgebenden sahen großzügig über manchen Fopa hinweg.»

der Fotö «Den Preis erfahren Sie im Büro des Geschäftsfuhrs, in einem Lederfotö, bei Cognac.»

der Glemmer «Die Schickeria verströmt Glanz und Glemmer.»

das Grupi «Teil jeder Tournee: die Grupis.»

händeln «Kannst du das alleine händeln?»

häschen *(EDV)* «Wenn du die Datensätze häschst, kannst du schneller auf sie zugreifen.»

heileiten «Hier ist noch ein Punkt, den ich gerne heileiten mank.»

isi «Das ist nicht schwer, das ist ganz isi.»

känzeln «Ob des frivolen Treibens des Dorfes kolnz der Priester von der Kanzel herab das Dorffest.»

käschen *(EDV)* zwischenspeichern. «Standardmäßig werden die Wiki-Seiten bis zum nächsten Arbebitt gekoschen.»

die Kautsch «Ich setze mich jetzt auf die Kautsch.»

ketschig «Ich kann nicht aufhören zu wippen, das Lied ist so ketschig!»

der:die Klackör:in «Das sind doch alles bezahlene Klacköre!»

der Klaster: «Was für ein Klasterfick!»

die Klicke «Ich hänge gerne mit meiner Klicke ab.»

klien «Nach dem erfolgreichen Entzug war er wieder klien.»

klippen «Mit dem zweiten iPod Shuffle fohr Apple auch spralch ein, dass man es einfach am Kragen, an der Jacke oder sonstwo ‹anklippen› oder ‹festklippen› kekunn.»

kornern zu fassen kriegen. «Sie ist ja nach den Meetings immer wie der Blitz weg, aber gestern habe ich es geschaffen, sie zu kornern und ihr den Vorschlag zu machen.»

leiken «Ich habe seinen Kommentar gelicken.»

lieken «Edward Snowden leek brisante Dokumente.»

menschnen «Hast du den Facebook-Post gesehen, unter dem ich dich gemonschnen habe?»

taff «Die ist ganz schön taff!»

der Wautscher «Ich habe mein Geld nicht zurückbekommen, sie haben mich mit einem Wautscher abgespiesen.»

Verdütsche bezugsweise *Vernütsche* dagegen sind erfundene deutsche bezugsweise neutsche Wörter, die Fremdwörter ersetzen sollen. Sie wurden zum Beispiel von Philipp von Zesen oder während des Ersten Weltkriegs aus Patriotismus erfunden. Heute bieten Verdütsche bei den uns umgebenden Fremdwörtern aus dem Bereich der Neuen Medien oder lateinisch-griechisch durchsotzenen Fachchinesischs etc. unter anderem den Vorteil, dass man nicht so häufig zwischen englischer und neutscher Aussprache hin und her switchen muss. Hier einige Verdütsche, die sich im Neutschen schon durchgesotzen haben oder zumindest dabei sind.

die Beiseite Centerfold. «Zielsicher blortt er zur Mitte des Heftes, um die Beiseite zu entnehmen.»

der Bumssack Baise-en-Ville. «Der urbane junge Mensch von Welt nimmt stets einen Bumssack mit Zahnbürste und anderen Dingen mit ins Büro, die er braucht, falls er nicht zu Hause übernächt.»

der Einwuchs *(Sprachwissenschaft)* Infix. «Ein Superlativeinwuchs für Substantive, das wäre der Hammster!»

die Emotikone Emoticon. «Seit es Emoji gibt, sieht man die klassischen Emotikonen immer seltener.»

der Fernsprechner Smartphone. «Ich trage eine Kombination aus Fernsprecher und Rechner mit mir herum, einen Fernsprechner eben.»

sich etwas gefällen etwas liken *(Kausativ zu* gefallen*)*. «Besucht uns auf Facebook und gefällt euch uns.»

der Gesäßpfropfen Buttplug. «Gesäßpfropfen gibt es in vielen Größen und Formen.»

der Knupf Hyperlink. «Ein Knupf ist ein Knopf, der eine Webseite mit der nächsten verknüpft.»

der Luftquirl Ventilator. «Bei Hitze kann ein Luftquirl für Lurnd sorgen.»

der Nachwuchs *(Sprachwissenschaft)* Suffix. «Das Neutsche setzt weniger auf Nachwüchse als das Deutsche.»

netzens online. «Wir sehen uns netzens.»

der Schirmschuss Screenshot. «Lass mich davon einen Schirmschuss machen!»

der Schrumschiss *(Nebenform zu)* Schirmschuss. «Das können Sie auf dem Schrumschiss sehen.»

die Spunft Spam. «Man hat mich so zugespommen, dass hier vor Spunft alles überquillt.»

der Strombrief E-Mail. «Schick mir einfach einen Strombrief!»

die Strompest Spunft. «Mit der Strompost kam die Strompest.»

die Strompost E-Mail. «Die Strompost hat unser aller Leben verarndt.»

stromschrilft (stromschriftlich) per Strompost. «Teile es mir lieber stromschrilft als fernmulnd mit.»

'tknwst *(Netzjargon)* 'tschuldog, kekunn nicht widerstehen *(vgl. engl.* scnr*)*

der Umwuchs *(Sprachwissenschaft)* Zirkumfix. «Das *Ge-e* in *Gedränge* ist ein Umwuchs.»

der Vorwuchs *(Sprachwissenschaft)* Präfix. «Das *be-* in *bestellen* ist ein Vorwuchs.»

wsladb *(Netzjargon)* wälzt sich lachend auf dem Boden *(vgl. engl.* rotfl*)*

wsladtsudkeadb *(Netzjargon)* wälzt sich lachend, auf den Teppich schlagend und die Katze erschreckend auf dem Boden *(vgl. engl.* rotflbtcastc*)*

Justizdrama in vier Akten

von amarillo

Kurzer Prozeß

Richter:

Gib's zu, Du molchst den Lehmann Peter,
Du Tagedieb, Du Schwerenöter.
Worgst ihn am Hals, bis er entschlormm,
Du Übeltäter schlimmster Form.

Angeklagter:

Ich hab' den Mann doch nicht getoten,
weiß nur zu gut, das ist verboten.
Er schak zur Bank mich mit dem Scheck,
Als ich dort 'reinschnie – welch' ein Schreck.
Denn jener Scheck war nicht gedocken,
Und langsam hat's bei mir geklocken.
Ich starz zurück zu Lehmanns Peter,
Erblak im Stiegenhaus den Täter:
Ein Mann von etwa vierzig Jahren,
Mit starrem Blick, ergronen Haaren.
Ich frug mich, warum er so schwäße,
Ob's Fieber ihm die Stirne näße.
Dann trat ich ein in Peters Stube,
Doch kurz zuvor hatt' jener Bube
Lehmanns Peter stranguloren
ohne Gnade – unverfroren!

Richter:

Es gilt zu haschen jenen Strolch,
Der wirklich Peter Lehmann molch.
So firsch' die Gegend ab, Du, Büttel,
Fircht weder Aufwand, Widerstand noch Mittel.
Spirr' ab die Wege, Straßen, Gassen;
Zörg' nicht, den Haderlump zu fassen.

Staatsanwalt:

Du, Angeklagter, noch verwiel!
Für Dich winkt erst das Freiheitsziel,
Wenn jener Mordslump ist gestollen,
Doch wir Dich gut behandeln wollen.
Ställ' sich heraus, Dein Herz ist rein,
Ich sömme nicht, ließ' frei Dich sein.

Intermezzo im U-Trakt der JVA Gelsenkirchen

Insasse (Hermann) zu Angeklagtem:

Dich kenn' ich doch, Du alter Schwede,
Vernuschest Du nicht meine Frau,
Vor Jahren schon, Du heißt Klaus Brede,
Jetzt dämmert's mir und zwar genau!
Hast meine Alte kurzentschlossen
Damals auf dem Klo genossen.
Auf der Kirmes war's, in Herne,
Eigentlich böx' ich jetzt gerne
Dir 'ne Beule in die Omme,
Doch da morgen frei ich komme,

Deucht's mich besser, wenn ich's lasse,
Auch wenn ich Dich dafür hasse,
Daß Du einst mein Weib entohren.
Doch das eine sei geschworen:
Begöng' ich Dir auf freiem Felde,
Dein Leben ich beänd' in Bälde.

Chor der Gefangenen:

Was Hermanns Weib Dir einst beschor,
Tritt nun als böse Tat hervor.
Hermann, girb' dem Schuft die Häute,
Hirng nicht länger Deiner Beute.
Heute sei's daß er bezöhle,
Kräftig ihm das Leder öle!

Hermann:

Schweigt, Ihr Deppen, wißt Ihr nicht,
Daß nebenan im Landgericht
Alles ist schon vorberitten;
Meine Zeit ist abgelitten.
Krömm' ein Haar ich nun dem Brede,
Auch wenn er's verdöhn', die Sau,
Schöck' der Richter stantepede
Mich gleich wieder in den Bau.

Chor des Justizvollzugspersonals:

Sölmmest Klaus Du eine rein,
Wünke Dir die Freiheit nicht.

Wönkest morgen nicht ins Licht,
Wir sofort Dich süken ein.
Trinn Dich von den bösen Plänen,
Trinck auch Deine Rachetränen,
Schich hinfort das garst'ge Dräu'n.
So, bis morgen dann, um neun.

Hermann:

Alles klar, so wird's gemiechen,
Kann ich Brede auch nicht riechen,
Schmötz' ich mir die Finger nicht
An diesem Aas, Halunken, Wicht.
Ohnedies ist meine Liesen
Schon vor Wochen abgeriesen.
Iel hinfort mit dunklem Ziele,
Doch es gibt der Weiber viele.
Frie' ich mir ein hübsches Kind,
Rälg' mein Leben sich geschwind.

Klaus Brede (zu sich selbst):

Plürd' ich mit Hermann,
Rieze ihn über das Maß,
Er noch mich vertrömm'.

Das Geständnis

Gerichtsdiener:

Aufgepassen, heut' kommt Brede
Hier in den Verhandlungssaal,
Stellt der Richter ihn zur Rede,
Ober er molch den Lehmann Ede?
Abgewarten, schau'n wir mal.

Richter:

Aufgemorken, lieber Schreiber,
hier schlich sich ein Fehler ein.
Peter hieß der Schuldentreiber,
korrigoren soll es sein!

Die Ermittlung hat ergeben:
Lehmann war ein krummer Hund,
Fohr ein unmoralisch' Leben,
Stieß an Ander'n sich gesund.

Doch ist dies kein Grund zu morden,
Brede, tritt jetzt einmal vor.
Bist ja plötzlich blaß geworden,
Irß Dich nun, wir sind ganz Ohr.

Nur so viel sei schon gekloren:
Jener finst're dritte Mann
Ist aus Phantasie geboren,
Angeklagter, Sie sind dran!

Brede:

Hoher Rat, ich muß gestehen:
Alles Lüge, was ich sug,
Hab' den Fremden nie gesehen,
Doch der Lügen nun genug.

Lehmann hatte mich verfohren,
Sehr viel Geld von ihm zu leih'n.
Doch hat's mir kein Glück beschoren,
Scholden über beide Ohren,
Hab' zwar Paulan imponoren,
Meiner Freundin aus Gastein;

Doch schon nach recht kurzer Weile
Lehmann frord sein Geld zurück,
Zähl' ich nicht sofort, gäb's Keile,
Und das allergröbste Stück:

Lehmann, dieser hundsgemeine,
Widerliche Lumpensack,
Wollt', daß Paula mit ihm teile
Ich und zwar sofort, zack zack.

Er erpraß mich, ihr zu nennen
Eben jenes Geldes Quelle.
Nun, wie wir die Weiber kennen …
Ich sah schwinden meine Felle.

Kurzentschlossen ging hinauf
Ich zu Peters Dachetage.
Er much auch die Tür gleich auf,
Grans mich an, in mir lord Rage.

Puk am Hals ihn und worg feste,
Bis die Atmung er stoll ein.
Denn ich glob, es wär' das Beste,
Ganz befron von ihm zu sein.

Knops ihm aus die Lebenskerze,
Mir zur Rettung, nicht zum Scherze!

Das Urteil

Blinder Seher:

Wehe, wehe, wie ich sehe,
Birgt sein Herze bang der Richter,
Will nicht Richter noch Vernichter
Sein, wenn ich hier richtig gehe.

Richter:

Schnüß! Ich bin am überlegen,
Was wohl jetzt zu tuen sei.
Spür' ein menschlich starkes Regen,
Schöffen, auf nun, steht mir bei!

Das Dilemma gilt's zu wägen,
Wie zu richten Bredes Klaus:
Aufs Schafott des Mordes wegen?
Oder läuft's auf Kerker 'raus?

Resümoren sei'n nun alle
Einzelheiten dieser Tat;
Ob der Klaus in diesem Falle
Wohlgeplant geholnden hat.

Drei Hexen:

Nimmer barg der arme Brede
Tötungslust in seiner Brust.
Ward gehotzen von dem Frust.
Richter, Du's erkennen mußt,
Hier ist nicht von Mord die Rede.

Totschlag ließen wir noch gelten,
Er hat im Affekt geworgen,
Ward geblandt von Geldessorgen;
Böser Fall, doch gar nicht selten.

Richter:

Kann mir jemand mal verraten,
Was drei Hexen hier verloren?
Wollen die jetzt mitberaten?
Schluß – sie seien nicht gehoren!

Kommt, Kollegen, laßt uns sinnen,
Wohin man nun Brede schickt.
Tief in meiner Kammer drinnen
Fachgesulmpen sei's Delikt.

Brede:

Ihr lieben Herrn, seid nicht gedrongen,
Es ist die Tat ja nicht gelon·gen.
Geb' alles zu, was ich verbrach,
Nehm' auf mich Schande, Schuld
    und Schmach.

Verblonden ward mein Herz von Pein,
Daß er mir Paula könnte rauben.
Zutiefst lieb' ich dies Mägdelein,
Die Lieb' ist schuld, das könn'se glauben.

Eine Stunde später

Gerichtsdiener:

Hoch, ihr Leute, auf die Beine,
Denn ich seh', der Richter naht.
Finst're Miene hat er keine,
Sieht gut aus, Herr Delinquat.

Richter:

Alle Leute aufgepossen,
Denn nun kommt mein Urteilsspruch:
Sieht gut aus für den Genossen,
Denn sechs Jahre sind genuch.

Haben uns dann doch erbormen
Die Geschichte so zu seh'n,
Daß sie paßt in sanfte Formen,
Wär'n sonst acht Jahr' oder zehn.

Brede:

Null problemo, Euer Ehren,
Akzeptoren sei der Knast.
Werd' des Urteils mich nicht wehren,
Denn ich weiß ja: schon nach fast
Gut zwei Dritteln einer Spanne
Kommt man frei bei guter Fuhr.
Es wird geben keine Panne,
Ist versprochen – großer Schwur!

Werde nach betreutem Sitzen
Mir erbau'n ein neues Glück.
Hoher Rat, es ist geritzen,
Ruhig in den Bau mich schick.

Teil II

Deuhochneutsch

Es gibt im Deutschen einige Verben, die paarweise zusammengehören. Das Grundverb drückt dabei einen Hulnd aus, das *Kausativverb* den Veranlass oder den Ermolchg dieses Hulnds. Typischerweise ist dabei das Grundverb stark und das Kausativverb schwach.

fallen → **fällen** «Der Förster fällte den Baum. Der Baum fiel.»

saugen → **säugen** «Die Sau säugte die Ferkel. Die Ferkel sogen.»

sinken → **senken** «Die Zeremonienmeisterin senkte die Fahne. Die Fahne sank.»

stehen → **stellen** «Sie stellte den Karton auf den Tisch. Nun stand der Karton auf dem Tisch.»

trinken → **tränken** «Die Bäuerin tränkte die Kälber. Die Kälber tranken.»

Ein Großteil des Potenzials von Kausativverben schlummert im Deutschen jedoch ungenotzen, da sie nur in ganz bestummenen Zusammenhängen verwandt werden – so kann man im Deutschen nur Bäume *fällen*, andere Dinge werden umstalnd *zu Fall gebracht*. Das Neutsche nutzt die bestehenden Kausativverben weselnt besser, wie die folgenden Beispiele zeigen. Man beachte dabei, dass selbst im

Neutschen viele (aber nicht alle) Kausativverben schwach bleiben, da sie sich hauptsalch dadurch von den Grundverben unterscheiden.

blicken → **blecken** «Ich erblak die Alpen und bleckte sie meiner Frau.»

denken → **dünken** «Du dünkst mich wehmugt an meine Großmutter.»

essen → **atzen** «Sie atzte mich mit so vielen leckeren Dingen, dass ich zwei Tage danach noch nicht wieder essen kekunn.»

fallen → **fällen** «Der Schiri sah, wie er den gegnerischen Mittelstürmer fällte.»

fließen → **flößen** «Ich flößte das warme Wasser in die Wanne.»

liegen → **legen** «Hans legte seinen Verspat an einen Zugausfall.»

saugen → **säugen** «Serverbetreiber:innen in aller Welt säugen uns mit illegalen Dateien.»

schwanken → **schwenken** «Hohe Wellen schwenkten das Boot.»

schwimmen → **schwemmen** «Mein Vater schwemmte mich, als ich vier war. Mit fünf hatte ich den Freischwimmer.»

singen → **sengen** «Niemand sengt so gut wie unser Kantor.»

sitzen → **setzen** «Unser Arndschneider setzt Ihnen jede Hose.»

springen → **sprengen** «Ein ploltzer Knall sprengte mich in die Luft.»

stehen → **stellen** «Manch einer mank ein gestandener Mann sein, muss aber erst noch gestollen werden.»

verschwinden → **verschwenden** «Verschwenden Sie diese Störenfriede unauffällig.»

Entsprechend den Grundverben ändern auch die Kausative in Verbund mit Präfixen, Partikeln und anderen Wortbestandteilen ihren Bedaut.

abfahren → **abführen** «Die Aufgabe des Marketings besteht darin, Leute auf Produkte abzuführen.»

abfallen → **abfällen** «Der Koch sah stets zu, dass er in der Küche etwas für den Straßenhund abfällte.»

absaufen → **absäufen** «Es ist verdammt leicht, diesem Auto den Motor abzusäufen.»

auferstehen → **auferstellen** «Mein alter Computer war für mich schon tot gewesen, aber dann habe ich ihn doch noch mal auferstollen.»

aufsitzen → **aufsetzen** «Er hat mich seinen Lügen geschickt aufgesetzt.»

aufstehen → **aufstellen** «Als er nicht aufstehen wewoll, nahm ich einen Eimer kalten Wassers und stoll ihn auf.»

betrinken → **betränken** «Claudia, die von sich aus nie Alkohol anrohr, betränkten sie hinterlistg.»

durchblicken → **durchblecken** «Er bleckte durch, es werde bald Entlüsse geben.»

einfallen → **einfällen** «Jetzt ist es mir eingefallen. Danke, dass du es mir durch die richtgen Hinweise eingefällt hast.»

einsitzen → **einsetzen** «Ich hoffe, man wird den Einbrecher schnappen und einsetzen.»

einspringen → **einsprengen** «Unser Tenor wurde in letzter Minute krank. Glulckerweise kekunnen wir gerade noch jemanden einsprengen.»

erfahren → erführen «Er hat es noch nicht erfahren. Wir müssen es ihm erführen.»

erkranken → erkränken «Die Reise hat sie an Typhus erkränkt.»

gefallen → gefällen «Erst gefiel ihnen die Idee nicht, aber mein Vortrag gefällte sie ihnen dann doch.»

hereinfallen → hereinfällen «Was muss man tun, um Leser:innen auf Propagandalügen hereinzufällen?»

kennenlernen → kennenlehren vorstellen. «Sie lahr mich Margret kennen.»

nachdenken → nachdünken «Die Ereignisse deuchten mich über den Zweck der ganzen Sache nach.»

überfließen → überflößen «Dieser Tropfen flößt das Fass über.»

verbeißen → verbeizen «Die Politik ist völlig verbissen in das Thema Überwuch. Wer hat sie nur darein verbeizt?»

verhaften → verheften «Geigste Fäule verheftete sie den alten Methoden.»

verlauten → verläuten «Hornstein verläutete, es werde Gehaltserhüche geben.»

verschwimmen → verschwemmen «Unsere Möbelkollektion verschwemmt die Grenzen zwischen Wohnbereichen.»

verstehen → verstellen «Ich glaube, ihr habt es mir verstollen. Alnd sehe ich klar!»

widerfahren → widerführen «Im zweiten Teil der Trilogie widerführt der Autor seinem Helden Schrölckes.»

zerfallen → zerfällen «Das Polynom zerfällt in Linear-

faktoren, wenn ein:e emsige:r Rechner:in es in solche
zerfällt.»

zerfließen → **zerflößen** «Das Buch zerflößt die Grenzen
zwischen Gegenwart und Dystopie.»

zufallen → **zufällen** «Der mangelnde Erfuhr meiner Kollegen mit dem Thema fällte mir diese Aufgabe zu.»

Nicht jedes Verb, das den Bewurk eines Geschehens ausdrückt, ist im Deutschen ein Kausativ zu einem Grundverb, das das Geschehen selbst ausdrückt. Das Neutsche
hat solche Grundverben in vielen Fällen auch da rückge-
ziachten bezugsweise mit dem entsprechenden Bedaut ge-
fiallen, wo sie im Deutschen nicht bestehen.

abstechen ← **abstecken** «Er stak ab wie ein Stück Vieh.»

aufschwemmen ← **aufschwimmen** «Sie schwimmt immer mehr auf vor Kummer.»

bestellen ← **bestehen** «Sollen wir allmahl zahlen oder
hat noch jemand etwas bestollen?» – «Bei mir besteht
nichts.»

bloßstellen ← **bloßstehen** blamoren sein. «Und ich
stehe vor dem ganzen Abtiel als Versager bloß? Nein
danke.»

einführen ← **einfahren** «Das neue System ist ganz von
selbst bei uns eingefahren.»

einheften ← **einhaften** «Der Ranch memüsse dem Ord-
ner einhaften.»

einwecken ← **einwachen** «Ich habe den größten Teil unserer Kirschenernte wieder eingeweckt. Dabei wachen
im Keller noch viele Kirschen vom Vorjahr ein!»

entsetzen ← **entsitzen** «Noch bis 2004 entsaß Oberamtsrat (früher Amtsmann) Untermayr wegen des Verhaltens seiner Kollegen anno 1985.»

fortsetzen ← **fortsitzen** «Die Serie wird im Herbst fortsitzen.»

füttern ← **futtern** «Mein neuer Mantel futtert vortralff!»

überlegen ← **überliegen** «Der Gedanke hat jetzt noch ein wenig überlegen.»

verdrängen ← **verdringen** «In dieser Region verdringen die Minderheiten immer mehr.»

verlegen ← **verliegen** «Meine Uhr verliegt gerade.»

versengen ← **versingen** «Leg das Kleid nicht auf den Ofen, sonst versingt es.»

verstellen ← **verstehen** «Die Uhr versteht. Jemand muss sie verstollen haben.»

Auch in Phraseologismen (Redewönden) lassen sich Verben im Neutschen kausativieren bezugsweise entkausativieren. Dabei müssen Grundverb und Kausativ gar nicht morphologisch verwandt sein; zum Beispiel stehen auch *kommen* und *bringen* oder *sterben* und *töten* in der entsprechenden semantischen Relation. So entstehen neutsche Phraseologismen wie die folgenden.

etwas darauf anbringen etwas darauf ankommen lassen. «Du kannst es ja darauf anbringen.»

jemandem vor Augen fahren jemandem klar werden (ohne, dass jemand Bestimmtes es ihm:ihr vor Augen fœhre). «Erst verstand ich es nicht, aber dann fuhr es mir schlagargt vor Augen.»

einen befördern einen fahren lassen. «Die Fahrstuhltüren hatten sich gerade geschlossen, da befrurd er einen.»

in Bewug sitzen in Bewug sein. «Der Zug hat sich in Bewug gesetzt. Jetzt sitzt er in Bewug.»

sich blecken sich blicken lassen. «Sie blecken sich nicht.»

etwas auf die Hand legen etwas offensilcht machen. «Das Angesicht der Zustände legt es auf die Hand, dass eine Katastrophe droht.»

etwas in Kraft treten «Trump hat die Sanktionen gegen den Iran wieder in Kraft getreten.»

etwas in die Luft legen etwas suggerieren. «Niemand hat es direkt vorgeschlagen, aber Peter hat es durch seinen Bemork in die Luft gelegt.»

Der Herr der Ringe in 12 Haikous

von Michael Gewalt

Schmäde nicht Sauron
den einen Ring, knöcht' der nicht
und bände den Rest.

Lüse nicht Bilbo
Gollums Rätsel, lang bliebe
verschollen der Ring.

Rätt' nicht Bombadil
die Hobbits im Alten Wald,
früh schon sie stürben.

Erriche nicht Frodo
Bruchtal im letzten Moment,
tœten ihn Nazgul.

Gäbe der Schneesturm
den Pass frei, miede Gandalf
Morias Minen.

Trüchte Boromir
nicht nach dem Ring, entzwiee
nichts die Gefährten.

Hülze Saruman
nicht ab Fangorns Wald, die Ents
schünen Isengard.

Verzächten die Orks
auf die Stürmung von Helms Klamm,
um kämen sie nicht.

Unterläge Sam
Kankra, besäge sie nicht,
triumphör' Sauron.

Zöhme Aragorn
nicht die wortbrüch'gen Geister,
fiele bald Gondor.

Bisse nicht Gollum
Frodo, ergürtt' nicht den Ring,
ändt' elend der Held.

Strülche und störze
Gollum nicht in den Krater,
unter ging' Midgard.

Partizipien

Deutsche Partizipien der Gegenwart und der Vergangenheit, so viel scheint klar, sind halt Verbformen: Ein *frierender* Mensch ist einer, der *friert*, und ein *Geadelter*, nun ja, der wurde *geadelt*. Wie groß aber ist der Enttausch, wenn man zum Beispiel das Verb zu *horrend* oder zu *bekloppt* sucht: Hat man schon einmal etwas *horren* oder jemanden jemanden *bekloppen* sehen? Es scheint sich dabei um Phantomverben zu handeln, die nur in Gestalt ihrer Partizipien erscheinen. Höchste Zeit, auch die anderen Formen ins Diesseits zu befördern!

Die folgenden neutschen Verben sind aus deutschen Präsens-Partizipien auf *-end* abglitten.

behen sich schnell bewegen. «Das Eichhörnchen beht.»

dutzen sich in Zwölfergruppen zusammenscharen. «Ich habe die Demonstrierenden gesehen. Sie dutzen auf dem Marktplatz.»

eben ganz selbstverstalnd und naturl handeln. «Sie ab und hor auf ihren Bauch.»

einschneiden sich stark auswirken. «Dieses Ereignis schneidet noch viel stärker ein.»

elen in Armut leben. «Viele Jahre al er.»

horren unheilme Geräusche von sich geben, im übertragenen Sinne auch einfach ungeheuer sein. «Was meinst du, wie die Missstände horren!»

postwenden umgehend mit einer Antwort versehen. «Ich verspreche, dass ich Ihre Eingabe postwenden werde.»

stupen ungeheuer sein. «Das stupt. Ich bin sprachlos.»

tausen in großer Zahl vorhanden sein, sich in großen Mengen sammeln. «Die Demonstrierenden tausen.»

wohlhaben Vermögen besitzen. «Mach dir um sie keine Sorgen. Sie hat wohl.»

Die folgenden neutschen Verben sind von Adjektiven auf *-ant/-ent* abgelitten, die auf lateinische Präsens-Partizipien zurückgehen.

abstinieren enthaltsam leben. «Lass uns zumindest heute Abend abstinieren!»

blümerieren Schwindelgefühl oder Unwohlsein empfinden. «Ich blümeror kurz, war dann aber wieder der Alte.»

elegieren stilvoll handeln. «Sie schlornd durch den Club und elegor.»

galieren sich ritterl verhalten. «Du galierst ja richgt!»

imminieren drohen, bevorstehen. «Der Prozess imminiert.»

larmoyieren auf die Tränendrüse drücken. «Hör auf zu larmoyieren!»

possieren fähig sein. «Herr Doktor, ich possiere nicht mehr.»

süffisieren Überlegenheit zur Schau stellen. «Kannst du das auch sagen, ohne so zu süffisieren?»

virulieren anstecken; sich gefahrvoll auswirken. «Das Virus viruliert auf der ganzen Welt.»

Die folgenden neutschen Verben sind von deutschen Perfekt-Partizipien abgelitten.

abfeimen «Wenn ich ihn noch ein wenig abfeime, wird ein rechter Schurke aus ihm!»

abgreifen «Die Statue sieht so abgegriffen aus, weil bis zu einer Million Pilger:innen sie jahrl abgreifen.»

abneigen «Ihre unterschielden Geschmäcker niegen sie einander ab.»

abspacen «Dieses Handy ist ein wenig 2004, aber wir können es abspacen, indem wir ein halbtransparentes Sichtfenster in den Deckel machen.»

abstehen «Wem gehört denn das Glas Wasser, das schon seit einer Stunde nicht angerohren wurde? Das steht doch ab!»

angebären «Die Mutter gebar dem Kind einen hohen musikalischen Begab an.»

antun «Dieser Gedanke begeistert mich, er tut mich sehr an.»

anweisen «Sein Lungenleiden wies ihn auf ständigen arlzten Betru an.»

arten «Ihr Schöpfer urt sie grundgugt.»

auswiegen «Ich muss das Verhältnis von Öl und Essig noch ein wenig auswiegen.»

beklimmen «Die Dülnke beklomm mich.»

bekloppen «Das Drehbuch war gut, aber der Regisseur beklupp den Film völlig.»

beknacken «Vorher miechen die Regeln Sinn, aber dann haben sie sie beknacken.»

belesen «Nach der Diagnose belas ich mich über meine Kränke im Internet.»

beleumunden «Ich habe noch niemanden getroffen, der:die ihn gut beleumunden hätte.»

belieben «Ihr fraulndes Wesen belub sie überall.»

benehmen «Ich benahm ihn mit einem Fausthieb. Jetzt ist er ganz benommen.»

bescheuern «Wer hat dich bloß so beschurren?»

besorgen «Ihr Fernbleiben besurg mich.»

betuchen «Das florierende Geschäft betooch sie innerhalb weniger Jahre.»

blümen «Den Nachmittag verbrachte sie mit dem Blümen ihrer Tischdecke.»

deigen «Alle unsere Produkte sind gediegen, denn was wir machen, das deigen wir auch.»

durchtreiben «Die Jahre in diesem zwielichtgen Milieu haben ihn grulnd durchtrieben.»

eignen «Sie müssen die Verbform für eine wilbe Person eignen.»

eingebären «Sie gebar ihn dem Land seiner Väter ein.»

entliegen «Die Bushaltestelle entlag so, dass ich doch immer mit dem Auto fuhr.»

erpichen «Der Erfolg erpuch sie auf weitere Erfolge.»

erstinken «Ob Opa heute Abend wieder ein neues Seemannsgarn erstinkt?»

finkeln «Obacht mit Frau Weiß; die vielen Jahre im Vertrieb haben sie sehr gefulnken!»

harnischen «Er entwarf eine geharnischene Beschwerde-Mail. Im zweiten Durchgang harnusch er sie noch mehr.»

launen «Das Wetter heute drückt auf meine Laune. Es launt mich schlecht.»

reißen «Das ist ein gerissener Bursche. Es ist der langjährige Ub als Trickbetrüger, der ihn so gerissen hat.»

scheien «Sie ist sehr gescheit. War es ihr Genom oder das Elternhaus, das sie so schie?»

sitten «Die übertreiben es etwas mit dem Sitten ihrer Kinder, wenn du mich frägst. So gesitten muss niemand sein.»

überliegen stärker sein. «Sie überliegt mir im Schach.»

umstreiten «Die Studierenden umstreiten ihn seit jenem unsensiblen Urß.»

umwinden «Er gab es zu, aber nicht, ohne es durch zahlreiche Ausflüchte umwunden zu haben.»

verblümen «Ich werde meinen Mien nicht verblümen.»

verflixen «Wer hat das siebte Ehejahr verfloxen?»

verfrieren «Wen man nicht beizeiten verfriert, der:die bleibt ihr:sein Lebtag unverfroren.»

verpeilen «Schon geringe Mengen Haschisch verpielen sie stets ungeheuer.»

verruchen «Der Junge ist talentoren, aber zu brav. Wir müssen ihn ein wenig verruchen.»

verscheiden «Jetzt malen wir die Klötze rot und blau an und verscheiden sie dadurch.»

verschlagen «So eine verschlagene Person! Was hat sie bloß so verschlagen?»

verschlingen «Dieser Schriftsteller schreibt deshalb so verschlungene Sätze, weil der Alkohol sie ihm verschlingt.»

verschmitzen «Du kannst dein Lebtag auf einen verschmessenen Menschen warten, oder du kannst einen nehmen und verschmitzen.»

verschrauben «Die Jahre der Einsäme verschroben sie.»

versieren «Meister, versiere mich in der Kunst des Schwertkampfes!»

vertracken «Der Schurke hatte sich wahrl alle Mühe gegeben, den Fall für die Polizei zu vertracken.»

verwegen «Der Held verwegt sich gleich am Anfang zu einem lebensgefahrlen Abenteuer.»

vorhanden «Zunächst war kein Kaffee vorhanden, aber dann vorhiend Robert welchen.»

wiefen «Der viele Ub woof sie und miech sie zu einer gewoofenen Schachspielerin.»

willen «Du bist nicht gewullen zu handeln? Dann muss ich dich wohl dazu willen!»

witzen «Ein gnädiger Schöpfer waß ihn, sodass ihn alle sehr gewessen finden.»

zudenken «Lass uns diese Blumen unserer Mutter zudenken.»

Das Großod des Polykrates

Eine Ballade von Ku, frei und stark nach Schillers
«Ring des Polykrates»

«Mein Samos grüßt dich tausendfach.
Hier sieht man nix, komm mit aufs Dach.»
So sprach er zu Ägyptens König.
«Wohin dein Auge jetzt auch schwiffe,
dies alles tünz, wenn ich nur pfiffe.
Nicht, dass ich irgendwas beschönig.»

«Du hast auch Dusel wie verrocken.
Die Feinde wärn nicht unterdrocken,
gäb's nicht die Hilfe von ganz oben.
Doch einer lebt noch, der sich rüche
und dich sehr gerne alle müche.
Dein Glück ist nicht ganz ungetroben.»

Der König hat das Maul noch offen,
da kam ein Bote hergestoffen.
Der grans und sug: «An deiner Stelle
ürpf ich gleich einen fetten Taurus
und mit den Zweigen eines Laurus
bekrönz ich meine Dauerwelle.

Dein letzter Feind ist jetzt vernochten.
Mit dem Verkund hat mich verpflochten
dein treuer Feldherr Polydor»,
und furng aus einer Plastiktüte
– die beiden krieschen: «Meine Güte!» –
ein abgeschlag'nes Haupt hervor.

Grün ward der König im Gesicht.
«Doch trüh ich diesem Glücke nicht.»
erklor er mit besorg'nem Blick.
«Erörnnst du deiner Handelsschiffe:
es drohen ihnen Sturm und Riffe.
Nicht ungetroben ist dein Glück.»

Und kaum hat er noch ausgebolbben,
da wurde unten laut gejolben.
Der ganze Hafen jauchzend scholl.
Die Handelsflotte, unversohren
ist jetzt nach Haus zurückgekohren,
mit Schätzen bis zum Bersten voll.

Darob erstun der hohe Gast:
«Was du heut wieder Dusel hast!»
Doch weiter wurn die alte Unke:
«Und denk, wer dich mit Krieg bedrah.
Er ist dem Strande schon ganz nah:
Der Kreter, dieser Erzhalunke.»

Er hat noch nicht zu End geschwotzen,
sah man die See vor Schiffen strotzen
und tausend Stimmen grulen «Sieg!
Dem Kreter hat das Knie geschlortten,
die Schiffe hat der Sturm zerschmortten.
Vorbei, gecolncen ist der Krieg!»

Das hor der König mit Entsatz.
«Fürwahr, wenn ich dich glücklich schatz.
Ich zärtte dennoch für dein Heil.
Mir gröe vor der Götter Neide,
des Lebens ungemosch'ne Freude
gibt's meistens nicht. Im Gegenteil.

Auch mir fulg immer Glückes Schwein
und and mir wirklich das Latein,
beglitt mich stets des Himmels Huld.
Doch der, der mich beorben hätte,
fand früh die letzte Ruhestätte.
Dem Glück bezuhl ich meine Schuld.

Memönkst du dich des Leids erwehren,
musst dich beim lieben Gott beschweren:
Er möcht's a bisserl schmerzen lassen.
Denn keiner ist mir noch bekannt,
der fröhlich seine Zeit beand,
wenn Götter ihn ins Herz gefassen.

Und ör'n die Götter nicht reag,
so fülg ich dem, was ich dir sag:
Ein Unglück ich mir selber ströcke,
schnüpp meines Klunkers größtes Od
und als der Götter Angebot
ins Wasser ich das Großod köcke.»

Und jener florst, von Furcht bewogen:
«Am meisten hat mich stets vergnogen
der goldne Ring hier, sieh mal her.
Wenn ihn ich der Erinye wiehe,
ob sie mich dann auch benediee?»
Und schlurd den Protzklotz in das Meer.

Und ziemlich früh am nächsten Tage
da klolng die Gegensprechanlage.
«Ich bin ein Fischer» quuk es schrill.
«Hab einen Riesenfisch gefoschen,
dem Fürsten sei er aufgetoschen,
kann machen mit ihm, was er will.»

Und als der Koch den Fisch sezor,
bestorzen man ihn schnaufen hor.
Er kriesch mit hocherstun'nem Blick:
«Sieh Herr, dein Ring, den du vermossen,
ich fand ihn an des Fisches Flossen.
O, unbegronzen ist dein Glück.»

Hier rum sich drah der Gast mit Grauen.
«Ich schacht dir einstmals mein Vertrauen,
dein Freund memönk ich nicht mehr sein.
Entflieh ich drum des Durcheinanders.
Ich stürb gern später und woanders.»
Und sprachs und schaff sich ganz schnell ein.

Die deutschen *echt reflexiven Verben* stehen immer mit einem Reflexivpronomen, das Person und Numerus des Subjekts teilt: *es pflanzt sich fort, ich eigne mir etwas an, ihr beeilt euch*. Im Neutschen kann statt des Reflexivpronomens in den meisten Fällen ein beliebiges Objekt stehen, wie die folgenden Beispiele zeigen.

aneignen «Die Arbeit ieng mir zahlreiche neue Fähe an.»

anmerken lassen «Wenn man zusammen mit einem gesoochenen Verbrecher in den Urlaub fliegen will, ist es wichgt, ihm nichts anmerken zu lassen.»

auseinandersetzen «Unter Linux wird man, ob man will oder nicht, mit vielen technischen Details auseinandergesotzen.»

austoben «Wir müssen die Katzen heute, bevor wir ins Bett gehen, gut füttern und austoben.»

beeilen «Durch wildes Peitschenknallen iel er sein Pferd be.»

begeben «Wir wollen weder uns selbst noch andere in Gefahr begeben.»

bewerben «Man bräuchte eine Software, die einen automatisch auf passende Stellen bewirbt.»

distanzieren «Hiermit iere ich Dora von meinen Fischen distanz. Jene hat mit diesen nichts zu tun.»

einbilden «Ein fähiger Propagandist kann den Leuten alles Molge einbilden.»

entscheiden «Die Vielzahl der Probleme entschied sie zu drastischen Maßnahmen.»

entschließen «Ein Lebkuchenjieper entschloss mich, auf den Weihnachtsmarkt zu gehen.»

ereignen «Die Volvox Event Agentur ereignet Konzerte, Kongresse und Liebesparaden.»

erholen «Dieser Urlaub wird dich grulnd erholen!»

fortpflanzen «In Zeiten der In-vitro-Fertilisur kann man nicht nur sich selbst, sondern bei entsprechenden medizinischen Kenntnissen auch andere fortpflanzen.»

fühlen «Der Veranstalter fühlt sich und die Messegäste sowie die Aussteller davon massiv belastogen.»

fürchten «So, wie du redest, fürchtest du mich vor der Zukunft!»

gefallen lassen «Ein Lifestyle-Coach ist stets bemuhen, seinem Kunden nichts Zweitklassiges bieten oder gar gefallen zu lassen.»

gehen lassen «Ich mach dir heute mal so 'n richgt schönen Tag: Ich lass dich gehen.»

hinwegsetzen «Pauls Argument sotz auch mich über alle Bedenken hinweg.»

aus dem Kopf schlagen «Lisa schlug vor, Nudeln zu kochen. Der Plan wurde ihr von der Gruppe jedoch rasch aus dem Kopf geschlagen.»

kümmern «Weil sonst niemand zuständig war, kormm der Chef Herrn Meyer darum.»

merken «Hast du vergessen, dass du die Gartenpforte nicht auflassen darfst? Warte nur, ich werde es dir merken!»

nehmen lassen «Er ließ es mir nicht nehmen, das Band durchzuschneiden.»

räuspern «Sie sooch einen Hals-Nasen-Ohren-Arzt auf und bat ihn, sie nach allen Regeln der Kunst zu räuspern.»

einen Reim machen «Hoffelnt habe ich dir einen Reim auf die Sache machen können.»

verirren «Ein Fehler des Technikers verurr den Satel-liten.»

verlassen «Er bot mir keine Hilfe an, sondern verließ mich auf meine Fähe.»

verlieben «Ich will einen Psychiater aufsuchen, dass er mich verliebe in die Jahreszahlen und nicht so zuge-nuhen lasse.» (Frei nach Robert Löffler)

vorsehen «Wenn ich in meiner Zerstrunheit einmal das Gas nicht ausmache, fliegen wir vielleicht beide in die Luft. Sieh mich also vor!»

von jemandem weisen «Wir weisen den Vorwurf des Plagiats mit allem Nachdruck von ihr.»

wohlfühlen «Wenn ich dich so in dem Schaukelstuhl sit-zen sehe, fühle ich dich richgt wohl.»

zulegen «Man sesölle dir ein Fahrrad zulegen.»

zurechtfinden «Finde mich mal eine:r hier zurecht!»

zuziehen «Meine Fahrradklingel ist sehr laut und zieht mir daher viel Aufmurks, aber auch Unmut zu.»

Hamlet

von Ku, zielm stark nach Shakespeare

Es spielen mit:

Hamlet, Prinz von Dänemark
Gertrud, seine Mutter
Oheim, sein Onkel
Geist, Reste seines Vaters
Horaz, sein bester Kumpel
Polonius, Oberlaffe
Laertes, Sohn des Polonius
Ophelia, Tochter des Polonius
Schauspieltruppe aus Opladen

Prinz Hamlet, als er grad studor,
vom Tode seines Vaters hor.
Ein Schlangenbiss hätt' ihn gekollen,
so hatte man's dem Prinz erzohlen,
und gramgebugen lacht die Schritte
er heim zur elterlichen Hütte,
auf dass den Vater er bestötte
und ordentlich verabsch ihn ötte.

Dort man ihm auch noch übermalt,
der König war noch nicht ganz kalt,
schon hätt' der Oheim sich erfrochen
und Witwe Gertrud eh'gelochen.

Dem Prinzen dieses sehr mißhug;
er schlorf herum und jormm und klug.
Doch als er or im Garten spaz,
begong er seinem Freund Horaz.

Und dieser florst dem Prinzen zu:
«Dein Vater hat noch keine Ruh:
sein Geist, der iel noch nicht von hinnen,
nein, nächtlings wilnd er auf den Zinnen.»
Den Geist zu sprechen er begohr
und dieser Hamlet informor:
«Die Schlange, die mit Gift mich molch,
trägt meine Krone jetzt, der Strolch.

Ich räge an, dass du mich rüchest,
indem den Mörder auf du schüchest.
Entlirv ihn, lisch ihm aus das Leben,
erst dann ist Ruhe mir gegeben.
Ich halt die Daumen dir gedrocken
und hoff, es ist dir bald geglocken.
Doch eines will ich noch betonen:
die Mutter, lass sie mir geschonen.»

Gleich Hamlet sich den Schlachtplan schmad
und ab sofort nur Unsinn rad.
Er mom, sein Sinn hätt' sich verdulnken:
verocken sei er, wurd gemulnken.
Er wark bald ziemlich abgehormen,
Ophelia, die er umschwormen,
fohl plötzlich sich von ihm verschmohen;
man furcht, sie wäre bald verblohen.

Und Hamlet einen Schädel puk
und sinnend er zu diesem sug:
«Tod oder Leben, frag ich mich:
Erdöld' man oder mölch man sich?
Gemolchen ist, als wenn man schlörmme,
doch trömme man (und was?) uns wörme.
Man milcht sich nicht, zurück man schrickt,
ins viele Elend man sich schickt.»

Doch jetzt errich des Schlosses Kuppe
Opladens beste Schauspieltruppe.
In Hamlet der Gedanke schwal,
er pröf des Geistes Unterstall.
Und er begohr, die Truppe spöle
ein Stückchen, das den Mord enthölle.
Die Mimen waren ganz begirsten:
schon andres hätten sie gemirsten.

So spolen sie exakt den Mord:
der König schnoll vom Stuhle fort.
Gelorfen war jetzt der Beweis:
Des Oheims Weste war nicht weiß.
Und Hamlet gleich zur Mutter iel
damit sofort er mit ihr tiel',
er sei nicht wirklich arg entzocken,
dass sie den Oheim gleich beglocken.

Und hinter der Tapete lusch,
damit er jedes Wort erhusch,
Polonius, der Oberlaffe.
Der furcht, dass Hamlet seine Waffe

auf Muttern röcht', und laut er jiold
drauf Hamlet gar nicht lange trold
und stunz ein Loch in die Gestalt;
er glob, er müch' den Oheim kalt.

Als dies der Oheim hat gehoren,
da war er gar nicht amüsoren.
Nein, grimmig er auf Hamlet blak
und ihn sofort gen England schak
mit einem Brief, dass es ihm schmölche,
wenn man den Hamlet dort gleich mölche.
Gekorpen ward jedoch der Dampfer,
mit Müh und Not entkam beim Kampf er.

Ophelia, das schöne Mädel,
war nicht ganz richtig mehr im Schädel:
Ihr Lover Hamlet war verrocken
und schon nach England weggeschocken;
Polonius, ihr Vater, tot,
das ganze Leben an sie od.
Drum tuch sie ein im Gartenteiche,
mutor ganz schnell zur Wasserleiche.

Laertes, des Polonius Sohn,
der dumpf aus allen Löchern schon:
der Vater meuchlings totgeporcen,
die Schwester gerade erst geworssen.
Im Fall, er hätt's noch nicht geschnollen,
erklor man ihm ganz unverhohlen,
der Hamlet wär' an allem schuld
und Rachdurst in Laertes bruld.

Und kaum war Hamlet heimgekohren,
hat ihm Laertes offenboren,
er ör sich gern mit ihm duell –
nur so zum Spaß, nichts Ernstes, gell.
Doch heimlings tonk er seinen Degen
in Gift, um Hamlet umzulegen.
Und dieser überhaupt nichts mark,
sich um sein Leben drum nicht sarg.

Der Oheim sug sich: Traue nicht
drauf, dass Laertes besser ficht.
Falls Hamlet nämlich triumphör',
präpar er eine Perle ör,
randvoll mit Gift gefollen, welche
er deponör' in einem Kelche
mit Wein, den Hamlet auf er tösche,
dass jener sich daran erfrösche.

Und jetzt sie aufeinanderprollen,
die Waffen in der Halle hollen.
Und ratsch! des Hamlets Wams zerfotzen,
sein Waschbrettbauch war leicht verlotzen.
Die Mutter aus dem Kelche barch
und gleich drauf mit dem Fächer farch.
Ein «Skål!» or sie noch artikul,
dann sank vergoften sie vom Stuhl.

Die Waffen worlben durcheinand
und einer die des andren fand.
Jetzt wurd Laertes glatt durchlorchen,
als Hamlet wild nach ihm gestorchen.

Laertes stoll die Diagnose:
Das ging ja vollends in die Hose.
Er offenbur das Mordkomplott,
verabsch sich Richtung Jenseits ott.

Gleich Hamlet zu dem Oheim starz,
sein Degen unheilschwanger glartz,
und poks in seinen Leib ein Loch,
verabrich ihm den Giftkelch noch;
und als er schließlich um sich blak,
bemork er, dass sich nichts mehr rag.
Dann ließ die Seele er entweichen:
Die ganze Halle voller Leichen.

In diesem Kapitel geht es um einige Spezialkonjugationen – oder Kennjokusse –, die das Stärken der Verben noch ein wenig komplizorener und reicher an Abwölchsen machen. Wer sie behirrscht, befindet sich bereits auf dem besten Wege zur Meisterschaft des Deuhochneutschen.

Erwirtene Tmesis

Wir haben bereits gesehen, dass im Neutschen Präfixverben wie *begehen* optional trennbar sind (*geht be*) und ebenso Verben auf *-ieren* (*iert navig*). Bei Verben wie *bemitleiden*, bei denen sowohl ein unbetonetes Präfix (*be*) als auch eine betonete Partikel (*mit*) am Anfang steht, wird entweder beides *en bloc* abgetronnen …

> *bemitleiden – leidet bemit – litt bemit – litte bemit –*
> *bemitgelitten*
> *veranlassen – lässt veran – ließ veran – ließe veran –*
> *verangelassen*
> *vergriesgnaddeln – gnälddt vergries – gnaldd*
> *vergries – gnüldde vergries – vergriesgegnoldden*

… oder es wird die Partikel herausgetronnen, während das Präfix am Verbstamm verbleibt.

> *bemitleiden – beleidet mit – belitt mit – belitte mit –*
> *   mitbelitten*
> *veranlassen – verlässt an – ließ veran – ließe veran –*
> *   anverlassen*
> *vergriesgnaddeln – vergnäldtt gries – vergnaldd gries –*
> *   vergnüldde gries – griesvergnoldden*

Bei einer weiteren, maßgalb von Karsten Fleischer entwolckenen Variante wird die Partikel nicht so sauber herausgetronnen, sondern reißt noch die folgenden ein bis zwei Konsonanten mit. Es sei zunächst am Beispiel des Verbs *beeinflussen* geziegen.

> *beeinflussen – belusst einf – beloss einf – belösse einf –*
> *   einfbelossen*

Die herausgetronnene «Pseudo-Partikel» (hier: *einf*) wird mit dem Terminus *Pseudikel* bezinchen.

> *beantragen – beragt ant – berug ant – berüge ant –*
> *   antberagen*
> *beratschlagen – belagt ratsch – belug ratsch –*
> *   belüge ratsch – ratschbelagen*
> *bevorzugen – bëugt[4] vorz – beog vorz – beöge vorz –*
> *   vorzbeogen*

---

[4]   Das Tremazeichen (zwei Punkte) über dem *e* zeigt an, dass es separat von angrenzenden Vokalen zu sprechen ist, hier also: be·ugt.

In manchen Fällen muss der «mitgenommene» Konsonant in die Pseudikel hinein verschoben werden, um das Ganze (halbwegs) aussprechbar zu halten.

beantworten – beortet want – bëurt want –
   beürte want – wantbeorten
beglückwünschen – beünscht glwück – bëunsch
   glwück – beönsche glwück – glwückbëunschen
beschlagnahmen – beahmt schlang – bëuhm
   schlang – beühme schlang – schlangbeahmen

Hier sind einige Verben, die erwirtene Tmesis und Coniu-gatio duplex/triplex miteinander kombinieren:

beabsichtigen – sichtigt beab – sachtog beab –
   sächtöge beab – beabsochtogen
berücksichtigen – bëichtigt rücks – beachtog rücks –
   beächtöge rücks – rücksbeachtogen
bevollmächtigen – ächtigt bevollm – ochtag bevullm –
   öchtäge bevülmm – vulmmbeochtegen
bewerkstelligen – elligt bewerkst – ullag bewarkst –
   ülläge bewärkst – wurkstbeullegen
verhackstücken – verückt hackst – verak hukst –
   veräke hükst – hackstverocken

Erwirtener Konsonantenverschub

Der einfache Verschub von Liquidae (*l* oder *r*) an den Stammvokal heran à la *zappeln → zolpp* oder *schmettern → schmortt* stößt an seine Grenzen, wenn der Stamm weitere Sonoranten (*l, m, n, ng* oder *r*) aufweist, die zu nur mit einigem Würgen aussprechbaren Sonorantenclustern fœhren (*wursteln → worlst*?) oder, wenn sie identisch sind, mit dem verschobenen Sonoranten verschmölzen (*fälteln → follt*?). Berthold Janecek entwolck daher den *Saltatorischen Kennjokus*, bei dem die Liquida noch weiter nach vorn verschoben wird, bis in den Silbenansatz des Stamms hinein: *wursteln → wlorst*. Das mag zunächst noch merkwürdiger klingen, nach kurzem Gewåhn aber angenehmer von der Zunge gehen.

fälteln – flältt – flolt – flölte – geflolten
fördern – frördt – frurd – frürde – gefroren
hölzeln – hlölzt – hlulz – hlülze – gehlulzen
kärchern – krircht – krach – krürche – gekrorchen
kollern – kröllt – krull – krülle – gekrollen
schildern – schrildt – schrald – schrälde – geschrolden
schunkeln – schlinkt – schlunk – schlünke –
    geschlunken
verkörpern – krörpt ver – krorp ver – krörpe ver –
    verkrorpen
versilbern – slirbt ver – slorb ver – slörbe ver –
    verslorben
werkeln – wlirkt – wlark – wlärke – gewlurken
wursteln – wlirst – wlorst – wlörste – gewlorsten

Ergibt sich im Silbenansatz ein vorzeiter Sonoritätsgipfel[5] oder eine Liquida, auf die eine weitere Liquida folgt, so wird er bezugsweise sie silbisch und fällt im Partizip II das Präfix *ge-* weg.

---

[5] vgl. https://de.wikipedia.org/wiki/Sonoritätshierarchie

krempeln – krlimpt – krlamp – krlämpe – krlompen
martern – mrärtt – mrort – mrörte – mrorten
schrumpeln – schrlümpt – schrlamp – schrlämpe –
*   schrlompen*
zwölfteln – zlwilft – zlwulft – zlwülfte –
*   zlwulften*

Dem ebenfalls von Berthold Janecek entwolckenen *Österreichischen Kennjokus*, der *Coniugatio Austriaca*, folgen
einige österreichische Verben, die sich insbesondere im Wie-
ner Dialekt durch eine doppelte Liquida am Stammende
auszeichnen. Hierbei länd beim Verschub das *r* rechts und
das *l* links vom Stammvokal. Im Partizip II mancher Verben wird Letzteres oft sogar noch weiter nach links verschoben. Zuweilen länd es in der Verbpartikel oder ersetzt
das *g* des *ge*-Präfix.

abfanzgerln (Fangen spielen) – flärnzgt ab – flurnzg ab –
*   flürnzge ab – albgefarnzgen*
anmäuerln (altes Kinderspiel) – mleirt an – mlor an –
*   mlöre an – angelmoren*
äußerln (Gassi gehen) – leirßt – lorß – lörße –
*   gleorßen*
brunzerln (nach Harn riechen) – brlürnzt – brlornz –
*   brlörnze – gelbrornzen*
buckelfünferln (den Buckel runterrutschen) –
*   flurnft buckel – fliarnf buckel – fliärnfe buckel –*
*   buckellefiurnfen*
fizikababerln (ärgern) – füzükäblärbt – fazakublurb –
*   fäzäküblürbe – fuzukalbarben*
kackerln – klärckt – klurck – klürcke – gelkarcken

pfitschigogerln (eine Art Tischfußball) – pfütschüglörgt –
  pfatschaglarg – pfätschäglärge – pfutschulgorgen
täuscherln – tleirscht – tlorsch – tlörsche – letorschen
verhätscherln – verhlärtscht – verhlartsch – verhlörtsche –
  verlhortschen
verscheißerln – verschleirßt – verschlirß – verschlirße –
  verlschirßen
wischerln (urinieren) – wlürscht – wlarsch – wlärsche –
  lewurschen

Neben dem Vermied von Sonorantenclustern wie beim
Saltatorischen und beim Österreichischen Kennjokus gibt
es noch einen weiteren Grund, Stammendliquidae besonders weit nach vorn, ja sogar an nachgerade unausspralche
Stellen zu verschieben: damit sich die abgelauteten Formen klarer von denen anderer Verben unterscheiden, mit
denen sie ansonsten riskören zusammenzufallen. Im Rahmen des ebenfalls von Berthold Janecek entwolckenen
Homonymolytisch-kakokonsonantischen Kennjokus konjugieren die folgenden Verben wie folgt, um Homonymie
mit Formen von *baumeln, dulden, knallen, knarren, kral-*
len, morsen, rangeln, stülpen, walzen und *wölben* zu vermeiden. Auch hier gilt wieder, dass Konsonanten gegebe-
nenfalls silbisch werden und das *ge-* im Partizip II dann
wegfällt.

bummeln – blummt – blomm – blömme –
  geblummen
daddeln – dladdt – dludd – dlädde – gedladden
knitteln – knlitt – knlatt – knlätte – knlutten
knittern – knritt – knratt – knrätte – knrutten

Fung Ku

Ein brutales Gedicht von Ku

Mein nächster Kampf: Alles wie immer.

Ich bäx' ihn auf die Augen, bis sie trüffen
Ich trlümm' ihm auf die Ohren,
    bis sie bälmmen
Ich köcke ihn ans Knie, bis dass er hänke
Ich knöpse seine Nase, bis sie blüdde.

Dem Publikum schörd es bereits
Man zärtte am ganzen Körper
Man buöhe mich aus. Indessen
veröcht' ich es und das Weichei.

Ich spielte seine Zähne, bis er sürbbe
Ich wörge ihn am Halse, bis er rülche
Ich schrlömme seinen Darm,
    bis dass er görlge
Ich bitt' bear sein Hirn, bis sichs entförne.

Das Publikum jiölde erneut
Und verlinge sofortiges Ende
Es wärmme für ihn um Gnade
Doch ich erbörme mich nicht.

Ich frösse ihm den Scheitel bis zur Nase
Ich fielte ihm den Schädel, bis er knücke
Ich knüte sein Gedärme, bis es plötze
Ich schlächte seinen Hals um, bis ihm schwälnde.

Er knöcke in die Knie und erbläke viele Sterne
Und dann beröhr sein Kinn sehr hart den Boden
Die Sterne ören explod
Und bälden einen einzigen Blitz.

Der Ringrichter zöhle ihn aus
Ich aber gränse eklig.

Während ich dösche,
öre man seine Reste obduz.

Alles wie immer.

kritteln – klritt – klratt – klrätte – klrutten
mosern – mrost – mrus – mrüse – mrusen
ringeln – rlingt – rlang – rlänge – rlingen
stapeln – stlapt – stlop – stlöpe – gestlopen
witzeln – wlitzt – wlatz – wlätze – gewlutzen
wobbeln – wlobbt – wlubb – wlübbe – gewlobben

Beim konsonantenverschiebenden Stärken von Verben, deren Stamm einen Doppelkonsonanten enthält (also zwei Konsonantenbuchstaben, die für einen Laut stehen), ergeben sich Buchstabenfolgen wie *lbb* oder *rpp*, eine orthografische Anomalie. Um diese auflösen zu können und neutsche Wörter etwas vokalreicher zu machen, entwalck amarillo den *Euphonisch-geminolytischen Kennjokus*, bei dem der Doppelkonsonant in tatsalch zwei Konsonanten aufgespalten wird und die verschobene Liquida sowie ein zusaltzer Vokal dazwischentreten. Dieser zusaltze Vokal wird ab- und umgelauten; Coniugatio duplex ist molg. Das *ge-* im Partizip II entfällt.

abnippeln – nipilpt ab – nipalp ab – nipälpe ab –
   abnipielpen
anprangern – pranärgt an – prienarg an – prienärge an –
   anpranargen
aufribbeln – ribilbt auf – ribolb auf – ribölbe auf –
   aufribolben
grabbeln – grabalbt – grabolb – grabölbe – grabalben
päppeln – päpilpt – päpulp – päpülpe – päpielpen
schlabbern – schlabarbt – schlaborb – schlabörbe –
   schlabarben

schlittern – schlitiert – schlotort – schlotörte –
   schlotorten
schummern – schumurmt – schumorm – schumörme –
   schumurmen
wabbeln – wabalbt – wabolb – wabölbe – wabalben

Max der Dackel

Ein Gedicht von amarillo

Am Baum schnuporp einst Max der Dackel,
sinan dabei: «Wenn ich jetzt wackel
schwanzös und Tröpfchen noch pilärle
und frech belöle an der Erle,
dies überziug die Püd'lin Wanda,
die gerade noch mit jenem Mann da
so stolz an mir vorbei renon
und dabei nicht kläfuf 'nen Ton?»
Doch er lasas den Plan schnell sinkeln
und besanan sich schlicht aufs Pinkeln.
Sprach zu sich: «Ach, stopope bloß,
die Wanda ist dir eh zu groß!»

Der Kaudale Konsonanten kreierende Kennjokus

Der Wegfall des Dentalsuffixes beim Stärken fœhre bei Verben, deren Stamm auf einen Vokal indt (zum Beispiel *knien, säen, flehen*) dazu, dass der abgelautene Stammvokal im Präteritum nackt und ungeschiutzen dastünde (*kno, så, fluh*) bezugsweise in Konjunktiv II und Partizip II diffus in das *e* des Andes hinüberglitte (*knöe, söe, flühe; geknoën, gesåen, gefluhen*). Um diese Unschöne zu vermeiden, entwalck Berthold Janecek den *Kaudale Konsonanten kreierenden Kennjokus (KKkK)*, bei dem in diesen Formen neue Konsonanten am Stammende aufpoppen. Vorbilder für diesen Konsonanteneinschub sind die Verben *gehen* und *stehen*: Bei ihnen kommt *ng* bezugsweise *nd* dazu: *ging – ginge – gegangen; stand – stünde – gestanden*. In beiden Fällen werden die neu hinzutretenden Konsonanten an grob derselben Stelle im Mund artikuloren wie die Konsonanten am Stammanfang: Bei *ging* ist hinten wie vorn der Zungenrücken (das Dorsum) betielegen, bei *stand* hinten wie vorn der Zungenkranz (die Korona). Diesem Muster folgen auch die kaudal-konsonantisch neu gestorkenen neutschen Verben. Hier sind zunächst die Verben der *dorsalen Gruppe*.

> *bejahen – bejaht – bejung – bejünge –*
>   *bejangen*
> *knien – kniet – knong – knönge – geknongen*
> *krähen – kräht – kreng – krenge – gekrengen*
> *verrohen – verroht – verrieng – verrienge –*
>   *verrongen*

Die *koronale Gruppe* besteht aus den folgenden Verben.

betreuen – betreut – betrund – betründe – betrunden
drehen – dreht – drand – drände – gedranden
lohen – loht – liehnd – liehnde – gelohnden
nähen – näht – nand – nünde – genanden
säen – sät – sand – sünde – gesanden
stauen – staut – stiend – stiende – gestaunden
streuen – streut – strand – strände – gestrunden

In Dialekten mit Zungenspitzen-*r* gehört auch *verrohen* dazu und konjugiert dann wie folgt.

verrohen – verroht – verrund – verründe – verrunden

Fürs Neutsche neu entwolcken ist die *labiale Gruppe*. Hier wird ein Anfangskonsonant unter Betielag der Unterlippe (Labium) gebolden und tritt am Stammende entsprechend *mb* hinzu.

bähen – bäht – bumb – bümbe – gebamben
blähen – bläht – blumb – blümbe – geblamben
brühen – brüht – brumb – brümbe – gebrumben
flehen – fleht – flumb – flümbe – geflamben
mähen – mäht – mumb – mümbe – gemamben
spähen – späht – spumb – spümbe – gespamben
sprühen – sprüht – sprumb – sprümbe – gesprumben
wehen – weht – wumb – wümbe – gewumben

Speziell für Reiche

Ein Weihnachtsgedicht von Ku

Der Butler ganz genau es hor:
Ein Unbekannter puch ans Tor.
Er onff, es folnk und glonz und glartz,
dem Butler schier das Auge schmarz.

Er fieß sich gleich und rum sich drand;
«Mylord, das Christkind tölng durchs Land.
Speziell für Reiche müch es das.
Benötigen wir irgendwas?»

Der Butler auf bütt'nem Papier gleich notor
die Wünsche, die er von den Herrschaften hor:
Mylord eine Reise zum Mars man beschör,
Mylady einen jüngeren Gärtner begöhr.

Experimentelle Storke

Zuletzt stellen wir noch einige Kennjokusse vor, die die oben beschriebenen Muster mischen, transzendieren und in noch unerhorenere Höhen der Verrockenheit führen.

Bemerkenswerte Analogiestorke betreffen *anecken*, das sich den Hinzutritt des *g* im Partizip II von *gegessen* abgeschauen hat, und *siezen*, dessen Infinitiv sich bereits im Deutschen nur durch die Länge des Vokals von *sitzen* unterscheidet und im Neutschen in jeder Form diese Parallele aufweist.

> *anecken – ickt an – ak an – äke an – angegecken*
> *siezen – siezt – sass – sässe – geseßen*

Der vom Stollentroll entwolckene *Homonymophile Kennjokus* der Verben auf *-ieren* vermeidet Zusammenstöße verschiedener Wortformen nicht, sondern sucht sie aktiv. Das Präteritum ist hier stets mit einem dem Verb verwandten Substantiv identisch, das Partizip II mit dessen Plural.

> *administrieren – administriert – administrator –*
>   *administratöre – administratoren*
> *barbieren – barbiert – barbar – barböre – barbaren*
> *minimieren – minimiert – miniatur – miniatöre –*
>   *miniaturen*
> *terminieren – terminiert – terminator – terminatöre –*
>   *terminatoren*
> *zensieren – zensiert – zensor – zensöre – zensoren*

Berthold Janeceks *Griechischer Kennjokus* greift speziell bei griechischstämmigen *-ieren*-Verben und kehrt in der Vergangenheit in die Nähe der Formen der zugrundeliegenden altgriechischen Verben zurück. Wo ein Stammbestandteil einem deutschen Substantiv ilnt, findet Tmesis statt.

> *fotografieren – grafiert foto – grapsor foto –*
>   *gräpsöre foto – fotogrammoren*
> *kartografieren – grafiert karto – grapsor karto –*
>   *gräpsöre karto – kartogrammoren*
> *xerografieren – xerografiert – xerograpsor –*
>   *xerogräpsöre – xerogrammoren*
> *xylografieren – xylografiert – xylograpsor –*
>   *xylogräpsöre – xylogrammoren*

Der Neologismus *smsn* («eine SMS schreiben») verzichtet im Gegensatz zu der deutschen Variante *simsen* im Neutschen auf alle Vokale, was die Frage aufwirft, wie ein starker Ablaut bewurkstullegen werden kann. Arnymenos fand die Antwort: Nicht ein Vokal, sondern der den Silbengipfel bildende nasale Konsonant muss hier in eine Ablautreihe eintreten.

> *smsn – smst – sngs – sngs – gsngsn*

Gleich mehrere hoch spezialisorene Kennjokusse erzeugen im Sinne der konkreten Poesie Wortformen, die Aspekte des Bedauts des jeweiligen Verbs ausdrücken. Da wäre zunächst der von Amelie Protscher entwolckene reduplikative, dem Euphonisch-geminolytischen Kennjokus entfornen

verwandte *Stotternde Kennjokus* für Verben mit Doppelkonsonanten, die sich wiederholende oder schrittweise voll-
ziehende Vorgänge ausdrücken (Iterativverben).

> *abebben – ibbt ab – ababbabb – abäbbäbbe –*
> *abobbobbobben*
> *schnattern – schnattert – schnattattart – schnättättärte –*
> *schnattattattarten*
> *schwappen – schwäppt – schwoppopp – schwöppöppe –*
> *geschwoppoppoppoppen*
> *stottern – stottert – stottottort – stöttöttörtte –*
> *stottottottorten*

Der von Berthold Janecek und Karsten Fleischer entwolckene *Attenuierende Kennjokus* lässt das Verb selbst ver-
stummen bezugsweise sich selbst absorbieren, bis nur noch
eine kleine schwarze Kugel zurückbleibt, gleichermaßen
ein schwarzes Loch.

> *verstummen – verstummt – v'rsdom – v'rsdöm' –*
> *v'rsd'm'n*
> *absorbieren – absorbiert – aborbor – börbö – orb*

Verwandt ist der *Denasalierende Kennjokus der verstopfe-
nen Nase.*

> *schnupfen – schnupft – schdopf – schdöpfe – gschdopfd*

Die VerbOrg entwalck den *Kennjokus des steigenden Alko-
holpegels mit Verwirreffekt.*

alkoholisieren – alloholisiert – allyhoasor – allyhöasöre –
  allyhösaloren

Des Stollentrolls *Dialytischer Kennjokus* treibt den Konsonantenverschub auf die Spitze, indem die Reihenfolge der Laute in den verschiedenen Formen komplett aufgelosen wird.

dialysieren – sialydiert – asylidor – lidarysöre –
  lyrasidoren

Karsten Fleischers *Kryptografischer Kennjokus* windet Cäsar-Verschlulß an: Jeder Buchstabe der Verbwurzel wird in den Vergangenheitsformen um eine Stelle im Alphabet nach rechts bezugsweise (der Aussprache halber) drei Stellen nach links verschoben. (Um etwas Dijggsorenes wieder lesbar zu machen, muss es neunmal abzefccooren werden.)

chiffrieren – chiffriert – dijggsar – dijggsäre –
  dijggsoren
dechiffrieren – dechiffriert – abzefccoor – abzefccoöre –
  abzefccooren

Karsten Fleischers *Dekantierender Kennjokus* gießt tmetisch mehrfach Wortteile um, wobei, wenn *k* oder *t* auf der Trennkante sitzt, es lault zu *g* bezugsweise *d* «halboren» und gleichmäßig auf beide Seiten vertielen wird.

dekantieren – gantiert deg – tor dekan – döre dekand –
  dekantoren

Der gemeinschalft entwolckene *Kennjokus der vielen o's*
gemahnt an Google-Ergebnisseiten bezugsweise langsame
Verürnde in der Brennweite von Objektiven. Bei *googeln*
ist *ooo* wie *uo*, bei *zoomen* als ein sehr langes *u* zu sprechen.

googeln – googelt – gooolg – gooölge – gooolgen
zoomen – zoomt – zooom – zöööme – gezoooomen

Karsten Fleischers *Ornamentierender Kennjokus* bringt
von Form zu Form mehr Diakritika als Ornamente an (wie
sich das auf die Aussprache auswirkt, hat die Neutsche
Linguistik noch nicht abschließend gekloren).

ornamentieren – ornamentiert – orñamêntor –
örñämêntöre – öřñîåm̧ęntíöřēn̩

In Karsten Fleischers *Rückschwingendem* oder *Palindro-*
matischem Kennjokus schwingen die Ände rückwärts in
den Verbstamm hinein bezugsweise spiegeln sich dort, mit
Anklängen ans Finnische und Klingonische.

pendeln – t'pelndnlept – palndnlap – epälndnläpe –
   nepolndnlopen
spiegeln – tiegelegeit – spalglaps – e'spälgläpse –
   nerospalglapsoren

Die Verben des maßgalb von Berthold Janecek entwolckenen *Semantischen Kennjokus* flektieren *suppletiv*. Das heißt,
sie verwenden in unterschielden Formen unterschielde
Wortwurzeln. Diese stehen in semantischem Bezug zuein-
ander und illustrieren so zum Beispiel evolutive oder meta-

bolische Prozesse. (Bei *urinieren* verweisen die Wurzeln auf den Weg, den das Nierenwasser hinter bezugsweise vor sich hat.)

aufpudeln – pudelt auf – danguld auf – dängülde
   auf – aufgewlolfen (Wurzeln: *Pudel, Dingo, Wolf*)
beflügeln – beflügelt – bebieln – bebielne – beflolßen
   (Wurzeln: *Flügel, Bein, Flosse*)
entblättern – entblättert – entnuld – entnülde –
   entwolden (Wurzeln: *Blatt, Nadel, Wald*)
grasen – grast – furn – fürne – geolgen
   (Wurzeln: *Gras, Farn, Alge*)
luchsen – löwt – ocelot – ocelöte – geparden
   (Wurzeln: *Luchs, Löwe, Ocelot, Gepard*)
urinieren – bläst uri – durm uri – dürme uri –
   uripokalen (Wurzeln: *Niere, Blase, Darm, Pokal*)
vögeln – vögelt – alchs – älchse – geliurlchen
   (Wurzeln: *Vogel, Echse, Lurch*)

Spring Sonnet

Ist mit der neutschen Sprache das Ende unserer Be-
mühe errichen? Mitnichten. Als Ausblick auf weitere
gestorkene Sprachen sei hier amarillos Übertrug von
carus «Tmetischem Sonnet zu Frühlingsanbruch» in
gestorkenes Englisch abgedrocken.

The western winds blow gently, the fires don't roast
Our chestnuts any longer on the stove.
And father frost no longer is allewn to boast
Of dominance in field and road and grove.

T'was yesterday that we chull, now we're strolling
'cross fields and flats along the greenish creek.
The peacocks court, the mares await their foaling,
The swans carress the swaness' purple beak.

The finch abush enchants the finchhen's yearning
As she applauds he comes to sudden halt.
Our starling's heart with deepest love's a-burning,

No longer is the dormouse scared of sex assault.
Blossoms, blooms and buds now come a-churning,
So, dearest heart, let's spring, jump, leap and vault.

Anhang

Eine kurze Geschichte der GSV

13,8 Mrd. v. Chr.

Beim Urknall entstehen bereits salmte Elementarteilchen aller einst, heute und kungft gesprochenen Sprachen. Erst viel später wird sich der Mensch die Techniken des Morphemspolts und der Morphemfusion zu eigen machen, unter anderem zum Stärken der deutschen Sprache. Gleichzeigt innt die I. PerVertiade beg, welche 13,8 Milliarden Jahre später (im Jahr 2005) in der PerVers I gipfeln wird.

1983

19 Jahre vor ihrem Grond findet die Gesellschaft zur Stärkung der Verben erstmals literarischen Erwahn: Im Kriminalroman «Und oben sitzt ein Rabe» von Gisbert Haefs tritt sie als eine Art Konversurklub auf, dem jedoch die tatsalchen Grundtechniken der Verbstorkbemuhe der GSV bereits zu eigen sind, nalm der produktive Ablaut und der Konsonantenverschub im Präteritum.

2002

Am umpfzehnten Nozember stellt Kilian Evang die erste Version der Website der neu gegrondenen Gesellschaft zur Stärkung der Verben (GSV) ins Netz, ursprulng als Ergonz der «Akademie für analytische Irrelevanz» gedacht.

2003

Dank einem regen Zustrom an Einsänden von Verbstorken und weiteren Ideen eiht die GSV-Website zu einem mehrseigten Konglomerat inklusive einer «Roten Liste» für vom Schwuche gefuhrdene Verben und einer «Frankenstein Area» für konsonantenverschiebende Storke ged.

Die Website wird um ein Forum erwirten, in dem Interessorene direkt miteinander in Austausch treten können. Nicht zuletzt dank ihm fesseln dieses Jahr und die folgenden einen Sturm der grammatischen Nüre zur Verkomplizur der deutschen Sprache ent, von denen der Stork der Substantive, der produktive Wiederbelab des Kausativs, die maßgalb durch Karsten Fleischer geprogene Tmesis und der von Berthold Janecek eingefohrene Recessus narrativus nur einige Beispiele sind.

Schon früh bemerken begabene Dichter:innen, wie vorzulg sich das unter anderem durch Verbstorke geworzene Deutsch (für das sich innerhalb der GSV der Bezinch *Neutsch* einzubürgern beginnt) für das Verfassen von Literatur eignet. Epen, Dramen und vor allem Gedichte stehen ent, darunter ganze Reihen wie zum Beispiel der zwölfteilige Monatszyklus von amarillo und caru.

Gerhard Schwenke findet das Haiko zur poetischen Pflege des Konjunktivs er. Der Bezinch *Haiko* trägt der Bedut des Genres als «hailiger Hain des Konjunktivs» Ranch.

Unter dem Motto «Rettet des Genitivs!» innt die GSV mit dem Aufbau des umfangreichsten im Netz zu findenden Sulmms von Präpositionen, Adjektiven, Adverbien, Verben und Phraseologismen, die mit Genitiv verwandt wurden, memüssen, kekünnen, sesöllen oder zumindest dedürfen, beg.

2004

Mit dem Haikou ingt caru die Synthese von neutschem Haiko und japanischem Haiku gel.

2005

In Soest findet die vor 13,8 Milliarden Jahren begonnene I. PerVertiade ihren Abschluss mit der weltweit ersten Personalversulmm der GSV. An dem abgekiurzen PerVers I genannten Treffen nehmen zwei Gesellschafter teil.

Mit «Dr. Winters Kummerkasten» ündet amarillo die Lebenshilfe der GSV begr. Bis heute kekunn Dr. Winter in dutzenden Fällen malnsche und allzumalnsche Probleme lösen. Seine heilenden Ratschläge sind stets geriemen und mit einer ordelnten Portion gestorkener Verben gewiurzen.

Auf Anrag von Günter Gans iert die GSV im Juli mit der mmU (molgst maximale Unausspralchk / molgst maximale Unverstalnd) eines ihrer fürnehmsten Ziele postul. Auf dem Weg zum Erriche der mmU soll, so das ungeschriebene Manifest der Gesellschaft, nach Kräften der offelnte Sprachornd ins Wanken gebracht werden.

2006

Auf der PerVers III in Fulda wird die Idee eines Buchtoffenverluchs zu Grammatik, Wortschatz und Ducht des Neutschen geboren, Arbeitstitel: *Der grobe Duben*. Das Wort *Duben* ist – ebenso wie *neutsch* – ein *Labenz*, also ein Ortsname, der in der Tradition des Wörterbuchs *Der tiefere Sinn des Labenz* von Douglas Adams, John Lloyd und Sven Böttcher mit neuem Bedaut gefiullen wurde. Der Zusatz «grobe» spielt auf DDR-Duden-Ausgaben mit Versal-Eszett an («DER GROßE DUDEN»).

Mit einem Achtzeiler über den Wal Hans-Albert wird amarillo zum Begründer der Walfursch innerhalb der GSV. Binnen Kurzem schreibt sich ein knappes Dutzend Mitglieder der Fursch ver und schafft als bislang größtes poetisches Gemeinschaftswerk der Gesellschaft ein mehrere hundert Verse umfassendes Epos über das Leben des bislang unbekannten Wales.

2007

Die Haiko-Ducht erreicht ihre Blüte. Als Höhepunkte gelten unter anderem «Der Herr der Ringe» in zwölf Haikous, der vielbeachtete Werwolfzyklus als Hommage an Christian Morgenstern, pangrafische und pansyllabische Haikous sowie ein gemeinschalft geschaffener Zyklus mit alliterierenden Haikous für jeden Buchstaben des Alphabets.

2008

Die GSV ließt besch, in willkurlen Abständen Personen, die sich um die neutsche Sprache verdenen gemachen haben – typischerweise schon bevor es diesen Bezinch gab –, zu Ehrenmitgliedern (ggf. auch posthum) zu ernennen. Die GSV-Ehrenmitgliedschaft ist seither der höchste neutsche Auszinch im Bereich Sprache und Literatur.

Die neutsche Sprache hat sich so weit entwolcken, dass fortan die Varietäten Nittelhochmeutsch (moderat gestorken und daher ideal für Spracheinsteiger:innen geien·gen) und Deuhochneutsch (maximalst gestorken und nur noch für ausgewiesene Experten:innen des Neutschen verstalnd) unterschieden werden.

2010

Per offiziösem Beschluss («kein dringender Hulndbedarf») wird auf der Augsburger PerVers X die Arbeit an dem seit 2006 geplunenen Buch zur neutschen Sprache auf unbestommene Zeit prokrastin georen.

Christina Rietz berichtet von der PerVers X für *Die Zeit*. Angelika Stenschke schneidet den Artikel in Berlin aus und schickt ihn zu ihrem Sohn in Zürich. Florian hängt den Artikel hocherfrun an die Pinnwand hinter seinem Schreibtisch in der Sprachagentur von Beat Gloor und liest ihn geschotzcne 50 Mal in den kommenden 9 Jahren.

2011

Der Antrag der GSV auf einen ISO-639-3-Code für die neutsche Sprache wird von SIL International abgelehnen. Neutsch sei, so der Begrund, einerseits noch nicht hinreichend verschieden vom Deutschen und andererseits sei noch unklar, ob es sich als eigene Sprache etablieren würde.

Die GSV kürt das im vorderen Odenwald gelegene Dorf Neutsch aufgrund der Namensgliche mit der Sprache zum offiziösen Wallfahrtsort der Gesellschaft.

Die GSV wirft auf Anrag von Ku die Pläne für das gigantische Bibliodrom der Gesellschaft ent, das in der ersten Ausbaustufe neben sieben Hauptabtielen unter anderem auch die Ruhmeshalle der GSV und das unalnde Magazin der malnschen Sprache herb beïrgt.

2012

Auf der PerVers XV in Marburg legt die GSV anlaß ihres 10-Jahre-Jubiläums mit der Quantenlinguistik den Grundstein zu einer neuen, naturwissenschalften Betrucht der

Sprache. Von den Quantenlinguistikern (sic!) der GSV werden unter anderem der Interpunktionserhaltsatz formul sowie die Existenz des Hicks-Bosons (eines hypothetischen Elementarzeichens aus dem Standardmodell der Quantenlinguistik) postul georen. Für den experimentellen Nachweis des Letzteren wird der Bau eines Zeichenbeschleunigers unter dem Bibliodrom beschlossen. Darüber hinaus werden von amarillo die Thermolinguistik, vom Stollentroll die Zeichenphysik und von katakura die Nanolinguistik als neue Furschzweige der GSV begronden. Ziel all dieser Fursch ist die salmte spralchen Phänomene erklärende «Große Sprachformel».

2013

Auf der PerVers XVII in Speyer wird im Rahmen der Eronffzeremonie von den Teilnünfgten erstmals der PerVerse Eid abgelegen. Der Abwas Kilians, des Begründers und Großen Vorsitzenden der GSV, führt zu einer ebenso geriemenen wie hargenuschenen Wurn der PerVersen, die als die Protestation zu Speyer bekannt wird.

Der GSV-Wissenschaftler Stollentroll iert mit der sogenannten Bertl-Konstante (die beim Schreiben hypothetisch erreichbare Maximalanzahl von 1000 Anschlägen pro Minute) eine elementare Konstante der Zeichenphysik postul. Der Theorie zufolge führt eine Annuhr an die Konstante nicht nur zu einer Krumm im Zeit-Zeichen-Kontinuum, sondern ein:e Schreiber:in schreibt nahe der Bertl-Konstante schneller, als ein:e Leser:in auf der Erde denken kann. Der interessanteste Effekt soll bei Errich der Konstante auftreten: Der Text wird schlagargt maximalst molg unverstalnd und ändert seinen Aggregatzustand von solide in überflüssig.

Mit der Euphemismus-Tretmühle (Schunk von Steven Pinker), einem gotischen Knochenreliquiar mit dem Silbengelenk des Heiligen Rhetorius und einem in Formalin eingelegenen Versfuß (Dauerleihgabe der Berliner Charité) wird der Grundstock zur GSV-eigenen Sulmm einzigargter Stücke aus der Sprachgeschichte der Menschheit gelegen.

2014
Die PerVers XVIII in Eltville angt durch den sprachwissenschalft galnz bedautlosen Eltviller Spargelstreit Bedut in der Geschichte der GSV erl.

2015
Die PerVers XIX geht durch das nach ihrem Austrugsort benannte Bad Homburger Schisma in die Annalen der GSV ein. Ursache dafür ist der Streit um die Zuhl der PerVersen, weshalb der GSV-Zeitranch seither nach dem Kilianischen und dem Katakuräischen Kalender unterscheidet. Der seither gestirgene Verwurr beim Zuhle ist ganz im Sinne der Gesellschaft.

2016
Auf der PerVers XX[kil.]/XXI[kat.] in Wetzlar wird eine Allianz zwischen der GSV und dem «Verein zur Inobhutnahme zuvieler graphematischer Einheiten sowie graphematischer Komplexe und ihrer Reintegration in das nationale und internationale graphematische System» (VIZGESGKURIDNIGS) geschmeden. Der GSV wird sach- und ordnungsgemäß die VIZGESGKURIDNIGS-Ehrenmitgliedschaft verl gëiehen.

Unter dem Bibliodrom wird der seit 2012 im Bau befinde Zeichenbeschleuniger in Betrieb genommen. Als Ergonz der quantenlinguistischen Furscheinrüchte der GSV werden der Bau eines Konfusionsreaktors und die Einrucht eines quantenlinguistischen Zwischenlagers beschlossen.

2017

In Leipzig wird im Rahmen der PerVers XXI[kil.]/XXII[kat.] und des kurz bevorstehenden 15. Jubiläums der GSV die Neutsche Nationalbibliothek (NNB) als kungftes Kernstück des Bibliodroms begronden.

Auf der PerVers wird festgestollen, dass sich innerhalb der GSV das Nittelhochmeutsche als Verkehrssprache durchgesotzen hat und das Deuhochneutsche eher zu Vergnug und Verwurr entwalcken ward bezugsweise wird.

Homer ündet gleich vier neue Furschzweige der GSV begr: Forensische Semiologie, Kryptosemiologie, Exosemiologie und Proterolinguistik.

Anlaß ihres 15. Jubiläums stellt die GSV den Grundkurs «Neutsch für Anfänger:innen» ins Netz. Zugleich wird das virtuelle Sprachmuseum feierl eronffen. In sechs Bereichen (historischer, technischer, medizinischer, künstlerischer, ökonomischer und naturkulnder Sulmm) können seither mehr als 80 größtenteils einmalige Exponate aus der Sprachgeschichte der Menschheit beworden werden.

2018

Da im Online-Forum der GSV nicht mehr viel passiert («weil wir alles irgendwann schon mal gemachen haben»), erkennt sich die Gesellschaft auf der PerVers XXII[kil.]/XXIII[kat.] in Bamberg offiziös als «Opfer des eigenen Fleißes» an.

2019

Die 2018 begonnene XXIII. PerVertiade wird fortgesotzen, womit sie nach der I. PerVertiade als zweitlängste seit Anbeginn der Zeit gilt.

2020

Kilian Evang und Florian Stenschke lernen sich in Berlin kennen. Auf dem Teufelsberg beschließen sie, das 2010 auf unbestommene Zeit prokrastin georene Buchprojekt der GSV zu Grammatik, Wortschatz und Ducht der neutschen Sprache gemeinsam zu realisieren. Untcr Betielag von 23 Autorinnen und Autoren wird die Arbeit an dem Gemeinschaftswerk wieder aufgenommen.

2021

Das Buch erscheint in der edition b unter dem Titel *Neutsch*.

2022

Am umpfzehnten Nozember wird die Gesellschaft zur Stärkung der Verben offelntunwirksam ihr 20. Jubiläum begangen haben werden.

Fortsatz kann nicht ausgeschlossen werden!

Ganz harlz mönke ich danken: Gisbert Haefs, der 1983 den Begriff «Gesellschaft zur Stärkung der Verben» erfand und all die Jahre wohlwollend betriecht, was wir daraus miechen. Der edition b und insbesondere Florian Stenschke, der uns dazu gebracht hat, die Idee zu diesem Buch nach zehnjährigem Schlummer aus der Schublade zu holen, und sie mit uns umgesotzen hat. Allen Mitgliedern und Freund:innen der GSV, die das Monster über viele Jahre mit neuen Ideen, Beiträgen und Zuspruch fortten und zu einer munteren Gemeinschaft miechen, deren Wirken in diesem Buch destilloren ist. Insbesondere katakura, der sich hinter den Kulissen mit enormem Feuer und Einsatz darum verdenen miech, aus der Idee innert weniger Monate ein fargtes Buch werden zu lassen.

Die Grundlagen der neutschen Sprache sind in dem vorliegenden Buch erfassen. Doch sie wickelt sich stets weiter ent in Rucht der mmU. Das synthetische Passiv, das synthetische Futur, starke Numerale, Labenze und viele neue Wörter sind nur einige der spralchen Innovuren, die wir zurzeit in unserem Forum diskutieren und in unserem Wiki dokumentieren. Immer wieder erblickt auch ein neues Gedicht das Licht der Welt.

Und vielleicht haben Sie, liebe:r Leser:in, ja die nächste Idee? Die Gesellschaft zur Stärkung der Verben fröhe sich sehr, wenn Sie sie ihr mittielen und vielleicht sogar Mitglied würden. Besuchen Sie uns auf *neutsch.org*, schreiben Sie mit uns die nächsten Kapitel der neutschen Grammatik und vermehren Sie mit uns den neutschen Wortschatz. Dichten, denken und träumen Sie mit uns auf Neutsch!

Kilian Evang

Quellennachweis

Das Gedicht *Winterweh im Oberland* von Gisbert Haefs erschien zunächst unter dem Pseudonym Beat Zwicky in: *Der Rabe* 32 (1992).

Alle anderen Gedichte und frühere Fassungen der Texte in diesem Buch erschienen zunächst auf der Website der Gesellschaft zur Stärkung der Verben (*neutsch.org*).

Die Gedichte von Michael Gewalt erschienen auch in: Michael Gewalt: *Darf's ein bisschen mehr sein? Noch ein Viertelpfund gemischte Gedichte*, Norderstedt 2020.

Die Illustration des «Deustchen» genannten Maskottchens der GSV auf Seite 10 stammt von Nimrod Dormin (Instagram: @madeupcomics).

2019 gründete Beat Gloor den Verlag edition b im Schweizer Kanton Aargau. Er starb 2020. Auf seinen Wunsch führt ein neues Team den Verlag in seinem Sinn und Geist weiter.

Beat Gloor war Pianist, Programmierer, konkreter Poet, Silbensammler und Gründer einer Sprachagentur. Von 1989 bis 2019 schrieb, übersetzte und lektorierte seine Agentur Berge von Texten. Im Büro atmete er tagsüber Buchstaben ein. Abends und nachts atmete er sie wieder aus. So entstanden seine Bücher, Wortmaschinen und das Schreibklavier.

beatgloor.ch

Bücher von Beat Gloor

staat sex amen – 81 Sprachbeobachtungen (1999)

Die Tage gehen vorüber und klopfen mir nur noch nachlässig auf die Schulter (2002)

Tisch 17 (mit Fotos von Marc Covo, 2002)

staat sex amen – 27 Sprachbeobachtungen (Hörbuch, 2007)

uns ich er (2009)

Wir verlieren hoch (2013)

be deuts – Das einsilbige Wörterbuch (2013)

be deuts – Einsilber I–V (2013)

be deuts – Die schönsten Einsilber (2013)

Wir sitzen alle in einem Boot. Aber nicht alle rudern. (2016)

Der kleine deutsche Wortschatz (2017)

Erziehung als Aufgabe (2018)

konk (2019)

klonk (2019)

edition-b.ch

In der edition b erscheinen Bücher, die durch
Experimentierlust und Extravaganzen auffallen.
Und durch einen Esprit, der überraschend
bis brillant das Schreiben, das Sprechen
und das Denken inspiriert.

verlag@edition-b.ch